W0066638

KONRAD LORENZ

# *Eigentlich wollte ich Wildgans werden*

## Aus meinem Leben

Aus dem Englischen von Wolfgang Schleidt

Mit Essays von Irenäus Eibl-Eibesfelt und
Wolfgang Schleidt

Mit 11 Zeichnungen und 18 Fotos

Piper
München Zürich

Der hier erstmals in deutscher Sprache veröffentlichte Text von Konrad Lorenz erschien 1985 unter dem Titel »My Family and Other Animals« im Rahmen des Bandes »Leaders in the Study of Animal Behavior – Autobiographical Perspectives, edited by Donald A. Dewsbury« bei Bucknell University Press, Lewisburg/Associated University Presses, London und Toronto.

Mitarbeit bei der Übersetzung: Agnes von Cranach und Helmut Reuter

ISBN 3-492-04540-5
© Piper Verlag GmbH, München 2003
Satz: Kösel, Kempten
Druck und Bindung: Clausen & Bosse, Leck
Printed in Germany

*www.piper.de*

# Inhalt

# Vorbemerkung des Verlags

Dieses Buch, das zum 100. Geburtstag von Konrad Lorenz erscheint, wäre ohne die Mithilfe einer Reihe von Personen nicht zustande gekommen. Ihnen ist zu danken.

Die ursprüngliche Idee zum Buch stammt von Professor Dr. Wolfgang Schleidt. Er hat auf den autobiographischen Text von Konrad Lorenz hingewiesen und dessen Übersetzung vorgeschlagen. Er hat den Text übersetzt, einen Epilog verfaßt, schließlich die Zeittafel und das Literaturverzeichnis zusammengestellt.

Professor Dr. Irenäus Eibl-Eibesfeldt hat für dieses Buch einen Prolog geschrieben, in dem er Konrad Lorenz und dessen Bedeutung für die Wissenschaft würdigt.

Agnes von Cranach hat in vielfältiger Weise zum Gelingen des Buches beigetragen. Sie war an der Auswahl der Fotos beteiligt und hat die Endfassungen von Übersetzung, Epilog und Zeittafel durchgesehen.

Dr. Beatrice Lorenz war an der Konzeption des Buches beteiligt und hat der Übersetzung und Veröffentlichung des Lorenz-Textes zugestimmt.

Helmut Reuter hat zu einer längeren Passage des Lorenz-Textes eine Rohübersetzung erstellt.

I R E N Ä U S  E I B L - E I B E S F E L D T

# Prolog: Ein Leben für die Wissenschaft

Seit Urzeiten gedenken Menschen der Vorbilder ihrer Vergangenheit, und so gedenken auch wir heute eines Streiters, der mit den Waffen des Geistes focht, um nach bestem Wissen seiner Wissenschaft zu dienen, wie es die Gelöbnisformel zur Promotion eines Naturwissenschaftlers in Wien fordert. Was bewegte ihn als Wissenschaftler und was bewegte er? Worin besteht seine überragende Leistung? Und wie aktuell sind seine Erkenntnisse?

Im Werdegang des wissenschaftlichen Werkes von Konrad Lorenz gibt es zwei entscheidende Phasen. Die erste umfaßt die dreißiger Jahre bis zu seiner Einberufung und Gefangennahme an der Ostfront im Jahre 1944. Die zweite, höchst fruchtbare Phase begann mit seiner Rückkehr aus der russischen Gefangenschaft im Jahre 1948. Sie währte bis zu seinem Tode.

Das die Weichen für die Entwicklung einer biologischen Verhaltensforschung stellende Werk der Vorkriegsphase ist wohl »Der Kumpan in der Umwelt des Vogels«, das 1935 im Journal für Ornithologie erschien. In ihm stellte Lorenz zum ersten Mal das Konzept einer vergleichenden Verhaltensforschung vor. Er nahm dabei auf einige Vorläufer Bezug wie Oskar Heinroth, Charles Otis Whitman, Wallace Craig und Jakob von Uexküll, von denen er wichtige Anregungen erfahren hatte. Lorenz integrierte deren Ergebnisse mit den seinen und schuf damit das theoretische Fundament für eine vergleichende Verhaltensforschung. Sein Hauptanliegen war die Erforschung angeborener Aktions- und Reaktionswei-

9

sen – kurz: der Instinkte. Damit stellte er die bis dahin von den Vitalisten beherrschte Instinktforschung auf ein solides, empirisch begründetes Fundament. Sie wurde damit gewissermaßen »salonfähig«.

## Instinkthandlung und Instinktbewegung

Oskar Heinroth hatte herausgefunden, daß er für seine Feinsystematik der Entenvögel *(Anatidae)* die ihnen angeborenen Bewegungen der Balz als Merkmale verwenden konnte. Sie waren formkonstant, d. h. die »Partitur« der an den Bewegungen beteiligten Muskelaktionen blieb auch bei unterschiedlicher Ablaufintensität die gleiche und damit auch die Bewegungsgestalt *(Abb. 1)*. Heinroth nannte diese Handlungen arteigene Triebhandlungen und hob damit ein Charakteristikum dieser Bewegungsabläufe hervor, nämlich ihre Spontaneität, die auf einen inneren Antrieb hinweist.

In einer experimentellen Untersuchung über die Eirollbewegung der Graugans wiesen Lorenz und Tinbergen 1938

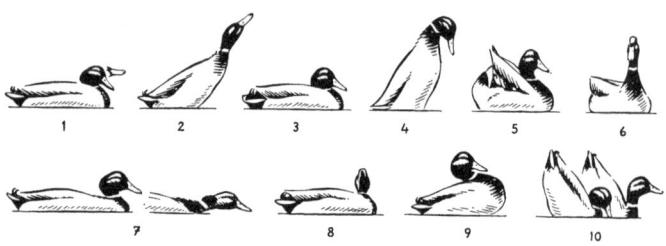

*Abb. 1* Die Balzbewegungen des Stockerpels (Lorenz 1941b) als Lehrbeispiel artspezifischer Instinktbewegungen: 1 Schnabelschütteln, 2 Schüttelstrecken, 3 Schwanzschütteln, 4 Grunzpfiff, 5 Kurz-Hochwerden, 6 Hinsehen zur Ente, 7 Nickschwimmen, 8 Hinterkopfzuwenden, 9 Aufreißen, 10 Auf-Ab-Bewegung (Lorenz 1958, aus Eibl-Eibesfeldt 1967/1999, S. 203).

nach, daß sich Instinkthandlungen aus zwei Komponenten zusammensetzen: den Erbkoordinationen, die durch einen auslösenden Reiz freigegeben zur Gänze ablaufen, und den ihr zugeordneten Orientierungsbewegungen oder Taxien, die ständig richtender Reize bedürfen.*

Lorenz waren diese angeborenen formkonstanten Verhaltensweisen ebenfalls aufgefallen. Er sprach von Instinkthandlungen. Sie interessierten ihn nicht nur als art-, gattungs- und familienspezifische Merkmale, sondern er machte sie selbst zum Gegenstand seiner Untersuchung.

## Das dynamische Instinktkonzept

Wie Heinroth hatte auch Konrad Lorenz die Spontaneität der Instinkthandlungen erkannt. Er hatte unter anderem beobachtet, wie ein zahmer, im Käfig gehaltener und gut gefütterter Star von Zeit zu Zeit nicht umhin konnte, von seiner Sitzstange aufzufliegen, nach nicht Vorhandenem zu schnappen, zu seiner Sitzstange zurückzukehren und sich dort so zu verhalten, als würde er ein gefangenes Insekt töten, um schließlich im Leerlauf zu schlucken. Auch seine in Sicherheit gehaltenen Enten, die keinerlei Feinddruck ausgesetzt waren, wurden im Ablauf des Tages immer irritabler, bis sie schließlich bei geringstem Anlaß flüchteten. Dieses Absinken der auslösenden Reizschwelle – die beim Star bis zum Leerlauf führte – erklärte Lorenz mit aktionsspezifischem

---

* Legt man einer Gans ein Ei vor ihr Nest, dann rollt sie dieses ein, indem sie über das Ei hinweggreift und es mit der Unterseite des Schnabels schiebend zu sich ins Nest rollt. Nimmt man ihr während dieser Tätigkeit das Ei weg, dann führt sie dennoch den Schnabel ins Nest zurück, als würde sie weiter eirollen. Es entfallen dann allerdings die seitlichen Balancierbewegungen, die als Taxien der ständig steuernden Reize bedürfen.

Triebstau. Dennoch blieb er dem damals herrschenden Reflexkonzept so weit verhaftet, daß er diesem getreu die komplizierteren Bewegungsabfolgen als Kettenreflexe erklärte. Er revidierte diese Ansicht erst, als er von den Untersuchungen Erich von Holsts über die zentralnervösen Automatismen erfuhr. Von Holst hatte Rückenmarkspräparate von Aalen hergestellt, indem er durch Einstich das Hirn vom Rückenmark trennte und alle dorsalen Wurzeln des Rückenmarks durchtrennte, über die bei einem Aal Meldungen aus der Peripherie dem Zentralnervensystem zugeführt werden. Der klassischen Reflextheorie zufolge herrschte die Vorstellung, die Schwimmbewegung eines Aals würde vom Hirn initiiert, als Bewegungswelle über den Rumpf laufen, wobei über Sinnesmeldungen die Kontraktion eines Muskelsegments zum nächsten gemeldet, dort die entsprechende Kontraktion auslösen würde und so fort, so daß eine Bewegungswelle, über Propriorezeptoren gesteuert, den Organismus entlangläuft. Das erstaunliche Ergebnis der von Holstschen Experimente war nun, daß die künstlich beatmeten Rückenmarkspräparate, nachdem sie aus Narkose- und Operationsschock erwacht waren, wohlkoordiniert zu schlängeln begannen, obgleich ihr Rückenmark keinerlei Sinnesmeldungen von der Peripherie und von der eigenen Muskulatur empfangen konnte. Damit war nachgewiesen, daß es im Rückenmark der Aale automatische Zellgruppen gibt – Erich von Holst sprach von Automatismen –, die spontan tätig automatische Impulse erzeugen und diese auch zentral so koordinieren und aufeinander abstimmen, daß ein geordnetes Impulsmuster zur Muskulatur gesendet wird und damit das Schlängeln auslöst. Im Falle der desafferenzierten Rückenmarkspräparate handelte es sich um ein ungehemmtes Schlängeln bis zum Tode.

Das Nervensystem, so meinte von Holst in einem Vergleich, würde nicht einem passiven Esel gleichen, der durch Peitschenhiebe angetrieben werden müsse, es gleiche vielmehr eher einem temperamentvollen Pferd, das der Zügel bedürfe. Auf welche Weise die automatischen motorischen Zellgruppen einander beeinflussen, untersuchte von Holst an spinalen Lippfischen, die nicht mit dem Körper schlängeln, sondern mit Hilfe rhythmischer Flossenbewegungen schwimmen. Er verband die Flossen dieser künstlich beatmeten Rückenmarkspräparate mit Schreibhebeln. Nach dem Abklingen des Operationsschocks begannen die Flossen rhythmisch zu schlagen. Schlug nur eine, dann ergab das eine regelmäßige Sinuskurve. Schlugen mehrere, dann war die Kurve mehr oder weniger abgewandelt. Dieser Einfluß muß ein zentraler sein, da passive Bewegungen einer ruhenden Flosse den Schwingungsrhythmus einer spontan schwingenden nicht beeinflußten.

Dominante Rhythmen beeinflussen abhängige Rhythmen, indem sie diese in Phase ziehen (»Magneteffekt«). Ist er stark genug, dann wird der abhängige Rhythmus ganz in Phase gezogen (absolute Koordination). Gelingt ihm dies nicht ganz, dann wechselt die Phasenbeziehung (relative Koordination). Sie geraten aus dem Schritt. Bei Superposition überlagern sich die Kurven der einander beeinflussenden Rhythmen in arithmetischer Weise (von Holst 1939).

Was für die Bewegungsweisen verschiedener Flossen gilt, trifft auch für die Bewegung der einzelnen Flosse zu, die ja nicht wie ein Brett schlägt, sondern über die ja normalerweise eine Wellenbewegung läuft, wobei jedem Flossenstrahl ein Automatismus zugeordnet ist. Diese Automatismen beeinflussen sich so, daß die einzelnen Strahlen in regelmäßigen Phasenabständen schlagen. Es herrscht eine hierarchische Ordnung der Automatismen, und in der stabilen Phasenbeziehung bilden sie eine transponierbare Bewegungsgestalt.

Lorenz erfaßte sofort die ganze Bedeutung dieser Entdeckungen. Generalisierend entwickelte er die Hypothese, jeder Instinkthandlung sei ein solcher zentraler motorischer

Antrieb als »aktionsspezifische Energie« zuzuordnen, die gespeichert und im Ablauf der Endhandlung verbraucht würde. Das widersprach fundamental der damals beherrschenden Vorstellung der Reiz-Reaktions-Psychologie.

Dieses dynamische Konzept der zentralnervösen Automatismen forderte die Annahme hemmender Instanzen, die eine Dauerentladung der Automatismen in Bewegungen verhindern. Das könnte zu einer Akkumulation von »Erregung« führen, meinte Lorenz, und Phänomene wie Reizschwellenerniedrigung und Leerlaufhandlung erklären. Heute wissen wir über die Hirnchemie der damals entdeckten Erregungs- und Stauphänomene Bescheid. Darüber werden die Pionierleistungen der frühen Ethophysiologen wie Erich von Holst leider vergessen. Von Holst und Lorenz haben durch Beobachtung und Experiment insbesondere der Neurobiologie ganz entscheidende Denkanstöße vermittelt.

## Appetenzverhalten und Endhandlung

Bereits 1918 hatte Wallace Craig darauf hingewiesen, man müsse ein variables Appetenzverhalten*, mit dem ein Tier nach einer bestimmten auslösenden Reizsituation sucht, von triebbefriedigenden, wenig variablen Endhandlungen** unterscheiden. Das Appetenzverhalten ist in hohem Grade anpassungsfähig: Ein jagdgestimmter Hund, der nach einer Beute sucht, muß ja auf dem Weg zum Hühnerhof auch Umwege meistern können; hat er aber die auslösende Reizsituation gefunden, dann klinken die eher automatischen Reaktionen des Beutefangens ein. Deren Ablauf ändert aber nicht allein die auslösende Reizsituation, sondern sie hat auch eine umstimmende Wirkung zur Folge. Das war auch Lorenz

---

* Appetenz: von Appetit abgeleitet.
** Englisch: consummatory actions.

aufgefallen, und auf Grund der von Holstschen Ergebnisse meinte er, daß wohl jeder Instinktbewegung ein solcher Appetit zuzuordnen sei, der mit dem Bewegungsablauf seine Erfüllung erreiche.

Die Ablauffolge Appetenzverhalten-auslösender Reiz-triebbefriedigende Endhandlung stellt allerdings ein sehr vereinfachtes Modell dar. Normalerweise beobachten wir eine geordnete Aufeinanderfolge von Handlungsketten, wobei jeder eine eigene Appetenz zugeordnet sein kann, vom Verfolgen der Beute zum Schlagen der Beute bis zu deren Verzehr. Wir erwähnten bereits das Beispiel des gut gefütterten Stars, der im Leerlauf Beutefanghandlungen machte, da die Appetenzen dazu offenbar durch Sättigung allein nicht erfüllt waren.

Außer dieser Ordnung nach Ablauffolge besteht auch eine Ordnung der Verhaltensweisen nach Sätzen. Bei einem kampfgestimmten Tier beobachten wir, daß die Verhaltensweisen des Drohens, Angreifens und Beißens insgesamt leichter auszulösen sind als zu anderen Zeiten, ferner daß dann andere Verhaltensweisen, etwa des Nestbauens, Fressens oder Balzens, gehemmt sind. Das weist darauf hin, daß Verhaltensweisen nach Gruppen von übergeordneten koordinierenden Instanzen abhängen, die sich ihrerseits in bestimmter Weise gegenseitig beeinflussen. Hier waren insbesondere die Untersuchungen von Gerard P. Baerends (1941) wegweisend. Niko Tinbergen (1940) beobachtete, daß Tiere in Konfliktsituationen sich kratzen, putzen oder andere zur Situation nicht passende Bewegungen zeigen. Er erklärte dies damit, daß im Ablauf die gehemmte zentrale Energie auf eine andere Bahn überspringe und sich in Ersatzhandlungen entlade, die er »Übersprungbewegungen« nannte. Aber auch eine andere Erklärung dieses Phänomens ist möglich: Hemmen zwei Triebe einander, deren jeder für sich einen dritten hemmt, dann kann dies dazu führen, daß dieser dritte dadurch frei wird.

# Das angeborene auslösende Schema

Eine dauernd ablaufende zentrale Erregungsproduktion, die durch übergeordnete zentrale Instanzen in Schranken gehalten wird, macht die Annahme besonderer afferenter* Apparaturen nötig, die diese Hemmungen im biologisch richtigen Augenblick beseitigen. Lorenz entwickelte dazu die Vorstellung des angeborenen auslösenden Schemas, das wie ein Reizfilter wirkt und das beim Eintreffen der auf ihn passenden auslösenden Reize bestimmte Verhaltensweisen freigibt. Er bemühte dazu den Schloß-Schlüssel-Vergleich und sprach auch von Schlüsselreizen. Später differenzierte er auf Grund der Experimente seines Freundes Niko Tinbergen zwischen Schlüsselreizen und sozialen Auslösern. Schlüsselreize sind z. B. jene, die, von einem Raubtier kommend, Flucht auslösen, von einer Beute, Angriff. Hier fand eine einseitige Anpassung seitens des Empfängers statt, denn eine Beute entwickelt sicher kein Signal, um besser erkannt zu werden. Sender- und empfängerseitige Anpassungen entwickeln sich jedoch im sozialen Kontext. Es kann sich dabei um auffallende Farb- oder Formmerkmale handeln, die der Geschlechtererkennung dienen. Von besonderem Interesse sind in diesem Zusammenhang die Ausdrucksbewegungen etwa der Balz, deren stammesgeschichtliche Entwicklung Lorenz bei den Enten durch den Artenvergleich nachvollzog.** Er legte seinen vergleichenden Untersuchungen die von den Morphologen entwickelten Homologiekriterien zugrunde. In diesem Zusammenhang ist es überraschend, daß er zwar Heinroth

---

* Afferent: zuführende, der Motorik vorgeschaltete Instanzen.
** Ich kann hier nur skizzenhaft auf die Geschichte der Ethologie eingehen. Zur genaueren Information verweise ich auf meine beiden Grundrisse: »Grundriß der vergleichenden Verhaltensforschung«, 8. Auflage 1999, Piper Verlag, München, und »Die Biologie des menschlichen Verhaltens«, 4. Auflage 1997, Piper Verlag, München.

und viele andere seiner Vorläufer zitierte, aber erst nach dem Krieg auf Charles Darwin hinwies, dem wir wohl alle viel zu verdanken haben.

Die Vorkriegsstudien zum angeborenen auslösenden Schema ergaben, daß eine Verhaltensweise oft über mehrere Merkmale ausgelöst wird, die auch einzeln und für sich wirksam sind, in der Kombination sich in ihrer auslösenden Wirkung summieren. Manche Reize sind konfigurativ. Beim Stichling ist der rote Bauch ein kampfauslösendes Signal. Eine einfache Wachswurst, die jeglicher anderer Stichlingsmerkmale entbehrt, löst bei Männchen Drohen aus, aber nur, wenn man die Attrappe in einer bestimmten Raumlage bietet. Dreht man die Attrappe so, daß die Rotfärbung auf der Oberseite (Rückenseite) der Attrappe zu sehen ist, dann bleibt sie unbeachtet. Für Weibchen ist der rote Bauch der Männchen ein attraktives Signal. Eine Auszählung der Stichlingseier in den Nestern, die Männchen herstellen und bewachen, ergab, daß die hellroten Männchen die erfolgreicheren waren, denn sie betreuten mehr Eier als die weniger kräftig gefärbten. Sie hatten demnach mehr Weibchen zum Ablaichen in ihr Nest gelockt (T. C. M. Bakker und B. Mundwiler 1994) .*

---

* 1992 griff Hanna-Maria Zippelius das Lorenz-Tinbergensche Schlüsselreiz-Auslöserkonzept an. Sie begründete die Attacke mit einigen mißglückten Replikationsversuchen der diese Konzepte begründenden Experimente. So ist es einigen Experimentatoren nicht gelungen, die Ergebnisse der Tinbergenschen Versuche zur Signalwirkung des roten Bauches der Stichlingsmännchen zu bestätigen. Mittlerweile weiß man, daß dies an Fehlern der Versuchsanordnung lag. Die Kritiker experimentierten mit Fischen, die sie aus ihrer gewohnten Umgebung in ein ihnen fremdes Aquarium gesetzt hatten. Dort sind sie ängstlicher und wagten sich damit nicht an einen farbkräftigen und damit als stärker ausgewiesenen Rivalen (K. Bolyard und W. Rowland 1996). Die attraktive Wirkung des roten Bauches auf Weibchen sowohl bei sukzessiver als auch simultaner Attrappendarbietung bestätigen Untersuchungen von M. Milinski und T. C. M. Bakker (1990, daselbst weitere Literatur).

Von besonderem Interesse waren die bereits von Oskar Heinroth, Julian Huxley und anderen beschriebenen Symbolhandlungen, Ausdrucksbewegungen, denen im sozialen innerartlichen Kontext sowie bei Symbiosen zwischen verschiedenen Arten große Bedeutung zukommt.

## Die Prägung

Lorenz zog viele seiner Vögel auf in der Absicht, sie so an den Menschen zu gewöhnen und damit leichter unter halbnatürlichen Bedingungen beobachten zu können. Dabei entdeckte er die »Prägung«, einen Lernvorgang besonderer Art. Zwei Beobachtungen bildeten das Schlüsselerlebnis:

An der Altenberger Villa – seinem Vaterhaus – gab es eine Kolonie freilebender Dohlen. Die Tiere waren scheu, und Lorenz wollte durch das Einschleusen von zahmen Tieren die Scheu der wilden mildern. Er zog dazu Dohlen von Hand auf und entließ sie, als sie flügge wurden. Die Handaufgezogenen schlossen sich den wilden an und verhielten sich völlig normal. Erst mit Eintritt der Geschlechtsreife im folgenden Jahr zeigten sie sich in seltsamer Weise verhaltensgestört. Sie adressierten nämlich ihre arteigenen Triebhandlungen des Balzens an den Menschen. Sie lockten ihn mit Nestlocklauten. Einzelne machten sogar Fütterungsanträge, so wie das normal Aufgewachsene als Balzfüttern praktizieren. Einige bemühten sich sogar, Lorenz Futter ins Ohr zu stopfen. Die bäuerliche Bevölkerung war von den närrischen Anträgen der Dohlen, die sogar Kopulationsversuche auf deren Kopf einschlossen, nicht immer erbaut. Offenbar hatten die Tiere in einer prägsamen Phase gelernt: So wie diejenigen, die dich aufziehen, sehen auch deine künftigen Geschlechtspartner aus. In diesem Zusammenhang ist zu erwähnen, daß es sich bei den Dohlen um keine sexuell besonders dimorphe Art handelt. Das Bemerkenswerte im Fall der Prägung der Dohlen war, daß die prägsame Periode lange vor dem Eintritt der Geschlechtsreife lag. Die Dohlen memorierten gewissermaßen in einer sensiblen Phase während ihrer Aufzucht das Aussehen ihrer Eltern.

Eine weitere Schlüsselbeobachtung machte Lorenz, als er ein frisch geschlüpftes Graugansgössel unter der Mutter hervorholte – aus spielerischer Neugier, könnte man annehmen. Das Gössel begrüßte ihn mit vorgestrecktem Hals und den Lorenz aus der Beobachtung im natürlichen Kontext vertrauten »wi wi wi«-Lauten. Er antwortete mit »wi wi«, und so unterhielten sich die beiden eine Weile, bis Lorenz meinte, es wäre nun an der Zeit, das Gössel wieder der Mutter zurückzugeben. Die Versuche, das Kleine der Gans unterzuschieben, blieben jedoch vergeblich. Das Gössel kam immer wieder unter der Mutter hervor und eilte dem sich entfernenden Forscher mit »wi wi«-Lauten des Verlassenseins nach. Lorenz mußte sich damit abfinden, die Mutterrolle zu übernehmen.

In weiteren Versuchen dieser Art fand Lorenz, daß die Nachfolgereaktion der Gössel in einer kurzen, sensiblen Periode nach dem Schlüpfen stets auf das Objekt geprägt wird, das sich vom Jungen mit Locklauten wegbewegt bzw. mit ihm nach dem Schlüpfen »unterhält«. Die geschlechtlichen Reaktionen werden bei den Gösseln allerdings nicht auf diese Weise geprägt; handaufgezogene Tiere verhalten sich bei Eintritt der Geschlechtsreife normal. Lorenz hatte mit der Prägung eine angeborene Lerndisposition entdeckt, deren neurobiologische Grundlagen man erst ein halbes Jahrhundert später aufklären konnte.

## Auf dem Kantschen Lehrstuhl

Mit seiner Berufung an die Universität Königsberg im Jahre 1941 setzte sich Konrad Lorenz mit den Vorstellungen Kants über das a priorische Wissen und Erkennen auseinander. Er führte aus, daß es sich hier sicher um ein Wissen handle, das nicht aus individueller Erfahrung stamme. Wohl aber würden ihm »Erfahrungen« aus der Stammesgeschichte zugrunde liegen. Er deutete so das Kantsche Apriori als ein stammesgeschichtliches Aposteriori.*

1943 faßte Lorenz in seiner Schrift »Die angeborenen Formen möglicher Erfahrung« das bis dahin erarbeitete Wissen der vergleichenden Verhaltensforschung zusammen. In einer umfangreichen erkenntnistheoretischen Einführung sagt er, daß die Methode des Faches durch die Erkenntnis bestimmt werde, daß alle Lebewesen – den Menschen inbegriffen – nicht nur die Merkmale des äußeren Körperbaus, sondern auch den gesamten Aufbau ihres seelischen und körperlichen Verhaltens der stammesgeschichtlichen Entwicklung verdanken. Damit führe der Weg zum Verständnis tierischen und menschlichen Verhaltens über die Erforschung ihres stammesgeschichtlichen Gewordenseins. Der Weg zum Verständnis des Menschen führe über das Verständnis der Tiere. Lorenz sieht darin keine Herabsetzung der Menschenwürde, denn gerade vor dem Hintergrund der Verhaltensleistungen der Tiere würde uns das spezifisch Menschliche in seiner Einmaligkeit so recht bewußt.

Lorenz diskutiert in dieser Arbeit auch ausführlich darüber, wie die von ihm erarbeiteten Konzepte zum besseren Verständnis des menschlichen Verhaltens beitragen könnten. Wegweisend für viele Arbeiten waren seine Ausführungen zum Kindchenschema. Das starke emotionelle Ansprechen auf die Erzeugnisse der Puppenindustrie belegt, daß es sich dabei um sehr einfache Beziehungsmerkmale handelt – im Verhältnis zum Rumpf großer Kopf, kleiner Körper, verhält-

---

* Das hatte Ernst Haeckel bereits 1903 in einem kurzen Paragraphen festgestellt, und Haeckel sprach auch von einer biologischen Erkenntnistheorie. Konrad Lorenz und Karl Popper haben diese durch ihre ausführlichen Erörterungen erst richtig begründet.

nismäßig kurze Extremitäten, kleines zierliches Gesicht mit großen Augen und stark übergewölbter Stirn. Sie werden, in Puppen und Teddies vereinfacht und übertrieben, geradezu als übernormale Objekte angeboten.

Sehr kontrovers wurden nach 1945 die in dieser und einer ihr vorangehenden Arbeit veröffentlichten Erörterungen zum Domestikationsproblem aufgenommen. In ihnen weist Lorenz darauf hin, daß der Wegfall der natürlichen Auslese in der modernen Großgesellschaft unter anderem auch zu einer Anreicherung von negativen Mutationen im Genpool einer Population führen kann und daß man dem wohl mit einer aufklärenden Eugenik entgegenwirken müsse. Wolfgang Schleidt wird sich in seinem Beitrag mit diesen Ausführungen auseinandersetzen. Ich möchte dazu nur bemerken, daß zu jener Zeit Oswald Spenglers Thesen von dem unausweichlichen Ablauf der Zivilisationen – von Kindheit, Jugend, Reife und Alter bis zu ihrem Tod – heftig diskutiert wurden. Lorenz wollte dem eine positivere Sicht entgegenstellen: Der Tod der Zivilisationen wäre nicht unausweichlich, es handele sich vielmehr um Erkrankungen. Als Arzt war es ihm wichtig, darauf in Hinblick auf mögliche Therapien hinzuweisen. Heute versucht man über Erziehung und Beratung *(genetic counceling)* zu helfen. Das dürfte wohl auch Lorenz vorgeschwebt haben.

# Die Entwicklung der Ethologie nach dem Zweiten Weltkrieg

1944 geriet Lorenz (inzwischen zur Wehrmacht eingezogen) bei Witebsk in russische Gefangenschaft. Am 20. Februar 1948 hörte ich im Radio, daß Konrad Lorenz auf der Liste der Heimkehrenden des 10. Heimkehrertransportes aus Rußland genannt wurde. Seit März 1946 arbeitete ich als Student auf

der von Otto Koenig geleiteten Biologischen Station Wil-
helminenberg bei Wien. Ich hatte von ihm viel über Konrad
Lorenz gehört, bereits mehrere Publikationen von Lorenz
gelesen und mich auch praktisch in die vergleichende Verhaltensforschung eingearbeitet. Koenig und ich versuchten Lorenz am Ostbahnhof in Wien zu empfangen. Die in Niederösterreich beheimateten Heimkehrer waren jedoch noch vor
der Ankunft in Wien direkt in ihre Heimatbezirke geleitet
worden. So dauerte es einige Tage, bis wir den Kontakt her-
stellten. Am 10. April 1948 hielt Lorenz unserem kleinen
Kreis bereits eine erste Vorlesung. Seine lebhafte Präsentation
schlug uns alle in seinen Bann *(Abb. 2)*.

Lorenz hatte aus der Gefangenschaft ein Manuskript von
rund 750 Seiten mitgebracht, das er zum Teil mit Vogel-
federn und verdünnter Tinte auf aus Zementsäcken geschnit-
tenem Papier geschrieben hatte (sein hier veröffentlichter

*Abb. 2* Die erste Vorlesung von Konrad Lorenz auf dem Wilhel-
minenberg. Neben ihm von links das Ehepaar Koenig, Kurt Gratzl,
Friedrich Haiderer, Eberhard Trumler und Lorle Siegel (ab 1950
Frau Eibl-Eibesfeldt).

Beitrag berichtet darüber). Das sogenannte Russische Manuskript wurde von seiner Tochter Agnes von Cranach 1992 mit Kommentaren beim Piper Verlag veröffentlicht (Lorenz 1992).

1949 schloß ich mich Konrad Lorenz an und durfte nach seiner Berufung durch die Max-Planck-Gesellschaft 1951 mit ihm nach Deutschland gehen. Es folgten ungemein anregende und hoffnungsfrohe Jahre. Viele der Pioniere der vergleichenden Verhaltensforschung wie Niko Tinbergen, Gerard Baerends, Adriaan Kortlandt, William Thorpe, Erich von Holst, Otto Koehler, Erwin Stresemann, Julian Huxley, Eckhard Hess, René Spitz und andere mehr nahmen mit Lorenz Kontakt auf, und es kamen auch deren Schüler. Es herrschte eine Stimmung des geistigen Aufbruchs. Man war froh, daß man über die Grenzen hinweg wieder miteinander reden konnte – besser, scheint es mir rückblickend, als heute, wo das Fernsehen seit Jahren die Scheußlichkeiten des Zweiten Weltkriegs so aktuell präsentiert, als wäre das alles erst gestern passiert und nicht bereits seit geraumer Zeit Geschichte.

So war ich in der Lage, in Diskussionen und durch eigene Forschertätigkeit die ganze Nachkriegsentwicklung der Ethologie bis zum heutigen Tage bald über ein halbes Jahrhundert mitzuerleben und mitzugestalten. Was wurde erreicht, und was sind die Ausblicke?

## Der Natur-Umwelt-Streit

1953 veröffentlichte Daniel Lehrman im Quarterly Review of Biology seine stimulierende »Critique of Konrad Lorenz's Theory of Instinctive Behavior«. Die Attacke richtete sich gegen das für die Ethologen zentrale Konzept des Angeborenen, zu dessen Nachweis die Aufzucht unter Erfahrungsentzug als die bewährte Methode galt. Lehrman meinte, sie beweise nichts, denn auf jeder Stufe seiner Entwicklung, selbst im Ei oder Uterus, sei ein Organismus einer Umwelt ausgesetzt, die auf ihn einwirke, und könne daher Erfahrungen sammeln und konditionierte Reaktionen einfachster Art Stufe für Stufe zu höheren Einheiten integrieren. Er zitierte eine Arbeit von Z. Y. Kuo, der schon 1932 gezeigt hätte, wie ein Hühnerküken im Ei die bereits unmittelbar nach dem Schlüpfen funktionsfähige Pickreaktion erwerbe. Zunächst würde man beobachten, daß der Kopf des dreitägigen Embryos auf dem Herzen ruhe und im Gleichtakt des Herzschlages passiv gehoben und gesenkt werde. Gleichzeitig reize der Dottersack den Kopf taktil, da er von mit dem Herzschlag synchronen Kontraktionen des Amnions bewegt werde. Einen Tag später beuge der Keimling den Kopf aktiv auf Berührung. Auch schließe und öffne er seinen Schnabel, was Flüssigkeit einströmen lasse, die er am 10. Tag auch schlucke. Diese anfangs zusammenhanglos auftretenden Bewegungen würden so durch »Erfahrung« zusammengefaßt. Unmittelbar nach dem Schlüpfen würde das Küken das Picken beherrschen. Ganz abgesehen davon, daß noch offenbleibt, wie es Körnchen auf Anhieb visuell erkennt und sie so »aufs Korn« nimmt, bleibt als Schönheitsfehler des Experiments die Tatsache, daß zu dem Zeitpunkt, da der Herzschlag die Nickbewegung als Bestandteil des Pickens induzieren soll, die Verbindungen zwischen den sensiblen und motorischen Neuronen im Rückenmark noch nicht ausgewachsen sind. Auch führte die Wegnahme des Amnions keine Änderung der Aktivitäten des Embryos herbei (V. Hamburger 1963 und R. Oppenheim 1966).

Das heißt natürlich nicht, daß es in der Epigenese nicht Vorläufer eines Verhaltens geben könne, die über Selbstreizungsprozesse der genannten Art zustande kämen. Das entscheidende Argument von Lorenz lautete, daß es ihm bei den Experimenten der isolierten Aufzucht um die Frage der Herkunft von Angepaßtheit gehe. Anpassungen setzen ja, wie der Name bereits sagt, immer voraus, daß der Organismus, der in seinem Verhalten ebenso wie in seiner Morphologie eignungsrelevante Facetten einer außersubjektiven Wirklichkeit abbildet oder spiegelt, sich mit diesen zu irgendeinem Zeitpunkt auseinandergesetzt haben muß.

Die Experimente der Aufzucht unter Erfahrungsentzug dienen immer der Klärung der Herkunft spezifischer Angepaßtheit. Folglich gilt es niveauadäquat zu fragen und den Tieren nur die eine spezifische Angepaßtheit betreffende Information vorzuenthalten. Beobachte ich zum Beispiel, daß Stockerpel bei der Balz eine Reihe von hochspezifischen Bewegungsweisen wie Grunzpfiff, Nickschwimmen, Auf-Ab-Bewegung, Kurz-Hochwerden und dergleichen mehr zeigen *(Abb. 3)*, dann ist es legitim, die Frage zu stellen, wie der Erpel die Information über die »Partitur« der für diese Bewegungsfolgen nötigen Muskelkontraktionen erwarb. Ziehe ich ihn isoliert ohne soziale Vorbilder auf und verfügt er dennoch bei Eintritt der Geschlechtsreife über die artspezifischen Bewegungsweisen, dann hat das Experiment den Nachweis stammesgeschichtlicher Angepaßtheit erbracht. Dem Tier wurde zwar nicht jedwede Information aus seiner Umwelt vorenthalten, es sah und hörte viele Dinge – eine Voraussetzung für eine generell gesunde Entwicklung. Aber keine der vielen Umwelteinwirkungen enthielt die Information betreffend die Abfolge und Koordination der zu diesen Bewegungsgestalten führenden Muskelaktionen.

Lehrman meinte in seiner Kritik, der Begriff »angeboren« wäre von den Ethologen nur negativ definiert als das, was nicht gelernt würde. Mit dem Begriff »stammesgeschichtlich angepaßt« bzw. »stammesgeschichtliche Anpassung« ist das Angeborene begrifflich positiv definiert. Lorenz stellte dies in zwei Arbeiten 1961 und 1963 klar.

Lehrman hat mit seiner Streitschrift diese Klarstellung erst angeregt, und dafür ist ihm zu danken, ebenso, daß er die

Erwiderungen von Lorenz anerkannte. Er besuchte Lorenz, die beiden fanden einander sympathisch, und auch wir Jüngeren hatten Gelegenheit, mit ihm sowie mit anderen Vertretern des damals noch starken Behaviorismus (Lester Aron-

*Abb. 3* Vergleichende Analyse einer Verhaltensfolge aufgrund von Filmbildauswertungen bei drei Entengattungen (von oben nach unten): Sichelente *(Anas falcata)*, Stockente *(Anas platyrhynchos)*, Schopfente *(Lophonetta specularioides)* und Schnatterente *(Chaulelasmus streperus)*. Während bei *Anas* die zwei Komponenten Eintauchen (bzw. Spritzen) und Aufbäumen sich etwas überschneiden, sind bei *Lophonetta* und *Chaulelasmus* beide Phasen voneinander getrennt und lassen sich deutlicher erkennen. Die senkrechte Linie bezeichnet Bewegungsstellungen gleicher Phase, das Schnabeleintauchen. *Anas* beginnt noch während des Spritzens mit dem Aufbäumen. *Lophonetta* dagegen beendet erst das Eintauchen, holt dann zum Schüttelstrecken aus und beginnt danach erst mit dem Aufbäumen (3. Skizze nach dem Strich); *Chaulelasmus* zeigt den gleichen Verhaltensablauf (nach Lorenz & van de Wall 1960, kombiniert nach Tembrock 1977, aus Eibl-Eibesfeldt 1967/ 1999, S. 333).

son, Eugenie Clark u. a.) zu diskutieren. Trotz der wichtigen Abklärung der Begriffe hört man noch heute selbst von Biologen immer wieder, man könne den Beitrag von Erbe und Umwelt nicht klar voneinander trennen.

## Ergebnisse der Neurobiologie

In seinem bemerkenswerten Aufsatz »How a developing brain gets itself properly wired for adaptive function« zeigte der spätere Nobelpreisträger Roger Sperry (1963) auf, wie sich ein Nervensystem selbst bis zur Funktionsreife verdrahtet. In einem seiner wegweisenden Experimente verpflanzte er ein Stück Rückenhaut in die Bauchregion eines Froschembryos. Nach der Verwandlung kitzelte er den Frosch auf dem transplantierten, an seiner dunkleren Pigmentierung als Rückenhaut erkennbaren Hautstück, worauf der sich auf dem Rücken kratzte. Die dem verpflanzten Stück Rückenhaut zugeordneten sensiblen Nervenfasern hatten das in die Bauchregion verpflanzte Stück Rückenhaut gefunden. Sperry nahm an, die auswachsenden Nervenkegel wären auf ihre Endorgane chemisch abgestimmt und würden sie gewissermaßen »erschnüffeln«. Diese Chemoaffinitätshypothese wurde mittlerweile in zahlreichen weiteren Experimenten erhärtet. Man kennt heute eine Vielzahl von Substanzen, die den auswachsenden Nervenkegel leiten, sein Wachstum in einer bestimmten Richtung fördern, dann wieder hemmen, Kommandos, die Nervenfasern veranlassen, sich mit anderen zusammenzuschließen, und anderes mehr (Literatur bei I. Eibl-Eibesfeldt 1984/1997).

Bei der Schnecke *Limnea stagnalis* wird der Atemrhythmus durch die Zusammenarbeit dreier Ganglienknoten hergestellt. Bringt man aus jedem dieser Ganglienknoten eine Nervenzelle in eine Kultur, dann wachsen diese innerhalb von 24 Stunden zu einem funktionierenden System zusammen, das, durch Dopamin angeregt, koordinierte Impulse des Atemrhythmus erzeugt (Syed et al. 1990).

Die Neuroethologie ist heute ein blühendes Fach und für das Verständnis der von den Ethologen entwickelten Konzepte von ausschlaggebender Bedeutung. Wir wissen heute bis in die neuronale und molekularbiologische Ebene, wie Motor-Generatoren (Automatismen) funktionieren, wie sie zentral zu Wirkungsgefügen vernetzt sind (von Holst und von Saint Paul 1960), wie angeborene Auslösemechanismen konstruiert sind (Ewert 1974, 1979; Huber und Markl 1983), und schließlich auch, was sich bei einer Prägung auf neuronaler Ebene abspielt.

Wallhäusser und Scheich (1987) prägten die Nachfolgereaktion von Hühnerküken auf eine Attrappe, deren Mikrophon einen rhythmischen, reinen Lockton ausstrahlte. Die histologische Untersuchung jener Nervenzellen, die die akustischen Signale verarbeiten, zeigte bei ungeprägten Küken viele vorbereitete Kontaktstellen auf den zuführenden Dendriten. Nach einer Prägung auf einen reinen Ton waren die meisten dieser Kontaktstellen eingeschmolzen. Die Nervenzellen lauschten gewissermaßen mit viel weniger Ohren, sie waren als Empfänger ganz auf das Prägungssignal eingestellt. Prägte man auf den natürlichen Locklaut einer Glucke, den ein breiteres Frequenzband charakterisiert, dann wurden weniger Synapsen eingeschmolzen.

In den späten siebziger Jahren entdeckte man, daß Neugeborene die Mund-, Brauen- und Handbewegungen sozialer Modelle ohne langes Probieren imitieren konnten (Meltzoff und Moore 1977; Field 1982; siehe auch Eibl-Eibesfeldt 1984/1997). Das setzt uns angeborene neuronale Strukturen voraus, die so geschaltet sind, daß der gesehenen Bewegung jene Muskulatur zugeordnet ist, mit welcher der Säugling diese selbst ausführen kann. Rizzolatti et al. (1988, 1996) entdeckten mittlerweile in der prämotorischen Region der Frontallappen von Rhesusaffen »Spiegelneuronen«, die dafür das neurale Substrat abgeben dürften. Experimente mit transkranialer magnetischer Reizung und Positronen-Emissions-Tomographie weisen darauf hin, daß ein solches Spiegelsystem auch für die Erkennung von Gesten beim Menschen vorliegt. Rizzolatti und Arbib (1998) sprechen von einem »observation/execution matching system«, welches Handelnde und Beobachtende kommunikativ als Sender und Empfänger verbindet. Es schließt das Broca-Areal mit ein. In diesem uns angeborenen Spiegelsystem ist also eine besondere angeborene Lerndisposition begründet, die das Imitationsverhalten der Säuglinge erklärt. Das Konzept der Erbkoordination wird damit für den Menschen nicht hinfällig, denn taub und blind geborene Contergan-Kinder, denen die Möglichkeit, ein Verhalten über visuellen Input zu spiegeln, fehlt, zeigen dennoch die Grundmuster der menschlichen Mimik.

## Fortschritte in anderen Sektoren

Hinzuweisen wäre noch auf das Erblühen der Verhaltensgenetik. Ich erwähne hier nur die Mosaikfliegen von Benzer (1973) und die genetisch verschiedenen Muster der Zugunruhe und Zugrichtung bei verschiedenen Grasmückenpopulationen (Berthold 1984, Berthold und Querner 1981) und deren schnellen Wandel unter geänderten Selektionsbedingungen.

Neben diesen Untersuchungen liefen die auf sorgfältiger Beschreibung und statistischer Erfassung basierenden Arbeiten an freilebenden wie gefangengehaltenen Tieren weiter. Sie dienen der Ergründung des Soziallebens und spezifischer ökologischer Anpassungen und haben zum Beispiel in der Freiland-Primatenforschung bis heute zunehmend an Bedeutung gewonnen. Genannt seien hier nur als drei Pioniere dieser Forschungsrichtung Jane Goodall (1965, 1986), George Schaller (1963) und Irven DeVore (1965). Für das Gebiet der Invertebratenforschung sei auf das meisterhafte Werk von Bert Hölldobler und Edward O. Wilson (1990) hingewiesen.

Beispielhaft für das saubere Beschreiben und Vergleichen und die dabei erarbeiteten Entdeckungen sind die Untersuchungen von Wolfgang Wickler zum Phänomen Signalfälschung und zur Bedeutung der Konvergenzforschung sowie neuerdings über die Entstehung von Vogeldialekten und deren populationsdynamische Konsequenzen (zitiert in Eibl-Eibesfeldt 1967/1999). Jürgen Nicolai trat durch seine Arbeiten über den Brutparasitismus der Witwenvögel hervor (Nicolai 1964).

Von den zahlreichen experimentellen Untersuchungen über Schlüsselreize und Auslöser verweise ich auf die eleganten Versuche von Heiligenberg und seinen Mitarbeitern (1972a, 1972b) und Leong (1969).

## Die Aggressionsdiskussion

1963 veröffentlichte Konrad Lorenz mit »Das sogenannte Böse« ein Buch, das heftige Diskussionen auslöste. Er wies in diesem Werk darauf hin, daß die Disposition zur Aggression altes Wirbeltiererbe sei und daß sie bestimmte Aufgaben erfülle, wie die Sicherung einer territorialen Subsistenzbasis, ja generell den Zugang zu begrenzten Ressourcen. Dazu gehörten auch die Geschlechtspartner, um die bereits bei vielen Wirbellosen und niederen Wirbeltieren heftige Rivalenkämpfe ausgetragen werden. Dem Kampfverhalten der Wirbeltiere liege ein eigener Aggressionstrieb zugrunde, ferner würden als stammesgeschichtliche Anpassungen für die Rivalenkämpfe artspezifische Kampfesweisen entwickelt, die bei vielen Arten mit gefährlichen Angriffswaffen, wie scharfe oder giftige Zähne, zu einem turnierartigen Kräftemessen ausgestaltet würden. Kampfesweisen, Signale des

Drohens und der Unterwerfung sowie jene, die Artzu-
gehörigkeit signalisieren, sind den Tieren angeboren.
Schließlich weist Lorenz – auch unter Hinweis auf Freud –
darauf hin, daß sogar wir Menschen mit einem Aggressionstrieb ausgestattet sind. Das brachte von neuem eine ganze
Reihe von Meinungsgegnern auf den Plan, die partout nichts
von Angeborenem im menschlichen Verhalten wissen wollten. Da sie offenbar fachlich nichts einzuwenden hatten, mo-
ralisierten sie mit Unterstellungen. So schrieb Erich Fromm
(1974): »Was könnte für Menschen…, die sich fürchten und
die sich unfähig fühlen, den zur Zerstörung führenden Lauf
der Dinge zu ändern, willkommener sein, als die Theorie
von Konrad Lorenz, daß die Gewalt aus unserer tierischen
Natur kommt und einem unzähmbaren Trieb zur Aggression entspringt« (S. 53 der deutschen Ausgabe).

Der Vorwurf, Lorenz würde mit seinem Buch die Aggression als unabwendbar gewissermaßen entschuldigen, wurde
in gummistempelhafter Monotonie wiederholt. Ashley Montagu (1976) verstieg sich sogar zu der Behauptung, die Ethologen würden lehren, wir Menschen seien geborene Mörder[*].
Dabei schreibt Lorenz in dem genannten Buch ausdrücklich:

> »Wir haben gute Gründe, die intraspezifische Aggres-
> sion in der gegenwärtigen kulturhistorischen und tech-
> nischen Situation der Menschheit für die schwerste aller
> Gefahren zu halten. Aber wir werden unsere Aussich-
> ten, ihr zu begegnen, gewiß nicht dadurch verbessern,
> daß wir sie als etwas Metaphysisches und Unabwendba-
> res hinnehmen, vielleicht aber dadurch, daß wir die
> Kette ihrer natürlichen Verursachung verfolgen. Wo
> immer der Mensch die Macht erlangt hat, ein Natur-

[*] Das einleitende Kapitel zu meinem Buch »Liebe und Haß« trägt den
Titel: »Die Bestia Humana, ein modernes Zerrbild des Menschen«.

geschehen willkürlich in eine bestimmte Richtung zu lenken, verdankt er sie seiner Einsicht in die Verkettung der Ursachen, die es bewirken.«

(Lorenz 1963a, S. 47)

Wie in jedem Pionierwerk gibt es auch in »Das sogenannte Böse« Schwächen. So kommt die Unterscheidung zwischen individueller und kollektiver Aggression und insbesondere das Phänomen Krieg zu kurz. Lorenz leitet ferner die Liebe aus der Aggression ab. Er bezieht sich dabei auf das bindende Imponiergehabe im Werben des Ganters, der vor seiner Auserwählten Scheinattacken auf gefährliche Objekte ausführt, dann mit viel Kraftaufwand zur Umworbenen fliegt, um dann mit Drohhals und Imponierrufen an ihr vorbei zu drohen, bis sie in dieses Drohritual einstimmt. Dieses gemeinsame Bedrohen eines fingierten Feindes begründet eine Verteidigungsgemeinschaft. Erst wenn das geschehen ist, folgen die der Kopulation vorangehenden Rituale.

Was Lorenz hier richtig sah, ist der Zusammenhang zwischen Verteidigungsbereitschaft und individualisierter Bindung. Aber die Liebe kam *nicht* mit der Aggression in die Welt, sie entwickelte sich vielmehr stammesgeschichtlich mit der elterlichen oder mütterlichen Fürsorglichkeit im Rahmen der individualisierten Brutpflege. Diese brachte die Motivation, zu betreuen, das Repertoire der Fürsorgehandlungen, die Fähigkeit, die eigenen Jungen zu erkennen und von fremden Jungen zu unterscheiden, die in der Regel abgewiesen werden, und schließlich die Bereitschaft, die eigenen Jungen zu verteidigen. Die Jungtiere entwickelten Signale, über die sie Betreuung auslösen können, Junge des Nestflüchtertyps auch die Fähigkeit, ihre Mütter bzw. ihre Eltern zu erkennen.

Mit der Evolution der individualisierten Brutpflege eröffneten sich – wie ich 1970 in »Liebe und Haß« ausführte – der weiteren Evolution des Sozialverhaltens die Möglichkeiten zur Bildung von Familien- und Sippenverbänden, die auf der Basis persönlicher Bekanntheit oder gemeinsamer Merkmale wie Gruppengeruch zusammengehalten werden. Als gruppenbindende, »freundliche« Verhaltensweisen wurden von den Brutpflegehandlungen und den infantilen abgeleitete Verhaltensweisen beim Werben und im Alltag des prosozialen Miteinanders bis zu uns Menschen hinauf eingesetzt.

Aus der Brutverteidigung entwickelte sich die familiale Ethik der kollektiven Verteidigung der quasi familial verbundenen individualisierten Kleingruppen und schließlich der über Symbolidentifikation zusammengehaltenen Großverbände wie der modernen Nationen, die sich, wie das Wort bereits lehrt, auf eine familiale Abstammung berufen. Dieses Verhalten ist emotionell völlig anders unterfüttert als das individuelle Wettstreitverhalten um begrenzte Ressourcen, wie heute auch der selbstaufopfernde Terrorismus belegt. Er wird nur verständlich, wenn man seine Ableitung von der Brut- und Familienverteidigung erkennt (aber daran mangelt es, und so werden wir wohl wieder einmal erst aus schmerzlicher Erfahrung lernen). Emotionell zeichnet sich die kollektive Aggression durch die Emotion der Begeisterung aus. Die Wahrnehmung der bindenden Symbole einer Gemeinschaft, der Hymnen, Fahnen und anderen sakralen Symbole wird vom Schauer der Ergriffenheit begleitet. Was wir dabei subjektiv wahrnehmen, ist die Kontraktion der winzigen Haaraufrichter. Wir sträuben in kollektiver Verteidigungsbereitschaft einen nicht mehr vorhandenen Pelz.

Während wir über die Physiologie der Motivation der kollektiven Verteidigungsbereitschaft noch nichts Genaueres wissen, ist uns über die Motivation der archaischen, allem Wettstreit unterliegenden vielfältigen Formen der dominanzmotivierten Aggression Grundsätzliches bekannt. Als anspornend und energetisierend wirkt Dopamin auch auf jene Neuronenpopulationen, die das Dominanzstreben und damit die Aggressionsbereitschaft fördern. Ferner wissen wir, daß

Erfolg im Dominanzstreben bei vielen männlichen Säugern und auch beim Menschen durch die Ausschüttung von Testosteron in die Blutbahn gewissermaßen belohnt wird. Gewinnen Tennisspieler, dann steigt ihr Bluttestosteronspiegel nach dem Match an, verlieren sie, sinkt er ab. Das gleiche beobachten wir auch bei geistigem Wettstreit. Prüfungserfolg und Erfolg beim Schachspiel lösen diesen Hormonreflex aus; vorübergehendes Absinken des Hormonspiegels tritt bei Versagern und Verlierern ein.

## Das Fach Ethologie und die Entwicklung neuer Zweigdisziplinen

In seinem wegweisenden Buch »Instinktlehre« (»The Study of Instinct«) übernahm Tinbergen den bereits in der Zeitschrift »Zoological Record« zwischen 1907 und 1940 für jede Tiersparte geführten Begriff Ethologie, der schon damals die Verhaltensforschung an Tieren umfaßte. Zuvor hatte L. Dollo (1895) das, was wir heute unter Ökologie verstehen, unter diesem Begriff zusammengefaßt, und J. St. Mill (1843) hatte unter Ethologie eine »exakte Wissenschaft von der menschlichen Natur« verstanden. Tinbergen grenzte das Gebiet als Instinktlehre ab, obgleich er im Text auf spezifische Lerndispositionen, z. B. von Insekten, hinwies. Da ich mich bereits früh mit dem Gedanken trug, auch menschliches Verhalten und insbesondere die kulturellen Leistungen des Menschen biologisch mit einer evolutionistisch-selektionistischen Ausrichtung zu hinterfragen, erweiterte ich Tinbergens Definition, indem ich die Ethologie als »Biologie des Verhaltens« definierte und aufzeigte, wie sich das Fach in verschiedene Zweigdisziplinen auffächert (Verhaltensphysiologie, Verhaltensökologie etc.) und sich dabei mit den Basiswissenschaften Sinnes-, Neuro- und Hormonphysiologie, Genetik, Morphologie, Ökologie sowie mit den Nachbarwissenschaften Anthropologie, Psychologie, Soziologie und den Kulturwissenschaften vernetzt.

Einige der ethologischen Zweigdisziplinen haben sich mittlerweile verselbständigt. So profilierte sich eine ökologisch und populationsgenetisch orientierte Richtung als »Soziobiologie«. Sie basiert auf den wegweisenden Arbeiten von Hamilton (1964)*, Maynard-Smith (1964) und Trivers (1971). Wilson (1975) faßte deren Arbeiten zusammen und integrierte sie mit seinen Forschungsergebnissen zu der neuen Zweigdisziplin Soziobiologie und meinte etwas vorschnell, diese werde bis zum Jahre 2000 die Ethologie »kannibalisieren«. Mittlerweile hat die Ethologie die Soziobiologie als eigene Zweigdisziplin gut integriert, und in Übereinstimmung mit Hamilton, Dawkins und anderen Pionieren des Faches gilt sie als Zweigdisziplin der Ethologie.

Wie schon zuvor die Ethologen betrachten auch die Soziobiologen den unterschiedlichen Fortpflanzungserfolg als Schlüssel zum Verständnis der gesamten Evolution. Die dabei Erfolgreichen geben ihre Gene an die nächste Generation weiter, und dieses genetische Überleben begründet ihre Eignung. Man kann auf zweierlei Art eine Kosten-Nutzen-Rechnung anstellen. Jedes Verhalten kostet ja etwas. Muß ich für den Erwerb einer bestimmten Nahrung mehr Energie, d. h. Arbeitsaufwand, einsetzen, als ich dafür zurückerhalte, dann würde sich das nicht rentieren, denn ich würde mit einer negativen Energiebilanz auf die Dauer zugrunde gehen. Zur Rentabilität der Strategien der Nahrungssuche gibt es mittlerweile eine Reihe interessanter Untersuchungen. Tinbergen hat solche Kosten-Nutzen-Rechnungen für das Wegtragen der Eischalen durch die Silbermöven nach dem Schlüpfen der Jungen angestellt: Eischalen verraten ein Nest mit frisch geschlüpften Jungen. Je weiter die Eltern sie weg-

---

\* Er wurde dafür mit dem japanischen Kyoto-Preis der Inamori Foundation ausgezeichnet.

tragen, desto weniger auffällig ist das Nest. Allerdings ist das Nest, während die Eischalen transportiert werden, weniger gut bewacht. Die widerstreitenden Interessen bewirken als Selektionsdruck Kompromisse und damit Optima.

In ganz andere Richtung gingen die Gedanken bei den Versuchen, die Rentabilität zu ermitteln, bezogen auf die Investition in Nachkommen und Verwandte. Dabei hatte man zunächst nur die Individualselektion im Auge und stellte Modellrechnungen auch für uns Menschen auf. Eine Person investiert in ihre unmittelbaren Nachkommen 50 Prozent ihrer Gene. Somit überleben in zwei Kindern 100 Prozent ihrer Gene. Es kann sich also lohnen, für zwei Kinder das Leben zu opfern, wenn die Kinder bereits so weit in ihrer Entwicklung vorangeschritten sind, daß ihre Fortpflanzungschancen groß und die des Elternteils wegen des bereits erreichten höheren Alters geringer sind. Für einen Großvater würde es sich auf jeden Fall rentieren, für ein oder zwei seiner Enkel sein Leben aufs Spiel zu setzen, obgleich ja erst in vier Enkeln sein Erbgut, statistisch gesehen, gerettet wäre. Dabei kommt es in der Berechnung natürlich auf jene Gene an, die jemanden als Individuum auszeichnen, denn schließlich haben wir bereits mit den Schimpansen etwa 98 Prozent unserer Gene gemeinsam.

Darüber hinaus rechnet sich die Verdünnungskalkulation des gemeinsamen genetischen Anteils nicht, denn es gibt ja, wie jeder Genealoge weiß, das Phänomen des Ahnenschwundes. Die Selektion findet beim Menschen sowohl auf der Ebene der Individuen und Sippen statt als auch auf Gruppenebene. Menschengruppen grenzen sich auf Grund ihres Brauchtums und ihrer Sprache von anderen ab, es tritt – wie Erik Erikson treffend bemerkte – kulturelle Pseudospeziation ein. Und da bevorzugt innerhalb einer Sprechergruppe geheiratet wird, zieht die kulturelle Abgrenzung die biologische nach. Es kommt zu populationsspezifischen Entwicklungen, die eine statistisch meßbare »genetische Distanz« zwischen verschiedenen Populationen begründen (Luigi Cavalli-Sforza 1991). Selbstaufopfernder Altruismus ist daher, wie Hamilton schon feststellte, adaptiv, wenn er dazu beiträgt, das genetische Interesse einer Population zu erhalten, deren Vertreter miteinander genetisch nahe verwandt sind.

Die Soziobiologie regte viele experimentelle Arbeiten zur Frage der Kosten-Nutzen-Kalkulation an. Ausgezeichnete und kritische Diskussionen finden wir in den Publikationen von J. R. Krebs und N. B. Davies (1984), E. Voland (1993), M. Taborsky (1994) und K. Kotrschal (1995).

Der Erfolg der jungen Zweigdisziplin Soziobiologie brachte es mit sich, daß auch manch Oberflächlicher in der Soziobiologie seine Chance sah, und es erschienen zunehmend Aufsätze spekulativen Inhalts über die spezifische Angepaßtheit, so Spekulationen von Randy und Nancy Thornhill über die Angepaßtheit der Vergewaltigung als reproduktive Strategie, die durch keinerlei Zahlenangaben über den tatsächlichen reproduktiven Erfolg gestützt sind. Auch nehmen Arbeiten, die sich auf Beobachtung und Experiment stützen, ab. William Charlesworth (1995) untersuchte den Inhalt der Zeitschrift »Ethology and Sociobiology« seit ihrem Erscheinen Ende der siebziger Jahre bis 1995. Er stellte einen klaren Trend von empirischen zu theoretischen Arbeiten fest und innerhalb der empirischen Arbeiten eine deutliche Abnahme von Arbeiten, die sich auf Beobachtungen stützen. In der ersten Hälfte der Publikationen machten diese 39 Prozent der Arbeiten aus, in der zweiten nurmehr 19 Prozent. Arbeiten, die auf Interviews und Fragebogenauswertung basieren, nahmen im gleichen Zeitraum von 14 Prozent auf 37 Prozent zu. Eine vergleichbare Zunahme fand er für Veröffentlichungen, die sich auf die Auswertung bereits vorhandener Archivdaten beschränken. Das bereitet Charlesworth zu Recht Sorge.

Erwähnt sei schließlich, daß die Verwendung der Begriffe

durch die Soziobiologen aus populistischen Gründen nicht immer korrekt war. Man versteht zwar, was gemeint ist, wenn jemand vom »Egoismus« der Gene spricht, aber hier handelt es sich um einen Begriff der Psychologie. Gene erleben aber nicht, zumindest nicht wie wir. Man sollte stets eine niveauadäquate Terminologie verwenden. Des weiteren ist die oft sensationell aufgebauschte Behauptung falsch, daß es keinen Altruismus gäbe, weil ja alles letztlich genetischer Egoismus sei. Wir erleben Altruismus, und das hat sich offenbar selektionistisch bewährt. Fürsorglichkeit, Sympathie und Mitgefühl gehören zu unserem als phylogenetische Anpassung mittradierten biologischen Erbe. Manche Soziobiologen tun schließlich so, als wären sie die ersten, die ein Phänomen, sei es nun ein Verhalten oder sonst eine morphologische oder physiologische Anpassung, nach den bewirkenden Selektionsdrucken hinterfragen. Das tun Biologen schon seit Charles Darwin.

Durch die Hintertür des sogenannten Konstruktivismus bemüht sich neuerdings der kulturelle Relativismus um eine Renaissance. Man behauptet schlicht, es gäbe keine Kriterien für wahr und falsch, alle Befunde und Ergebnisse der Forschung wären Konstruktionen der jeweiligen Wissenschaftler. Daher würden auch Theorien gelten, die man nicht voll begründen oder nicht – der Forderung Karl Poppers entsprechend – widerlegen könne. Sicher konstituiert sich bei uns Menschen so mancherlei kulturell, etwa über geographische und politische Abgrenzung von Populationen, Völkern und Nationen. Aber diese Abgrenzungen erfolgen nicht in beliebiger Weise, sondern nach erforschbaren Regeln, die zum menschlichen Ethogramm gehören, und sie erfüllen bestimmte Funktionen.

Mit der Behauptung, alles sei im Grunde genommen Konstruktion, auch Ethnien oder Nationen, nichts wäre daher in irgendeiner Weise verbindlich, und es wäre ein Verdienst, alles zu »dekonstruieren«, erhebt eine längst überholte Milieutheorie wieder ihr Haupt – ungeachtet der Tatsache, daß sie im gerade vergangenen Jahrhundert mit dem wirtschaftlichen Desaster des Ostblocks einen dramatischen Schiffbruch erlitten und auch sonst viel Leid verursacht hat.

## Die Humanethologie

Konrad Lorenz wies bereits in seinen frühen Schriften und insbesondere in seiner letzten Arbeit vor Kriegsende (1943) auf die Anregung hin, die sich für die Menschenforschung aus seinen Arbeiten ergäbe. Nach dem Krieg erwachte zunehmend das Interesse von Psychologen, Völkerkundlern, Soziologen und Psychoanalytikern an dieser Richtung. John Bowlby (1969) wandte sich mit seiner Biologischen Bindungstheorie gegen die Vorstellung der klassischen Psychoanalyse und ersetzte sie durch seine ethologisch begründete, biologische Theorie der Mutter-Kind-Bindung. Der Anthropologe und Primatenforscher William McGrew publizierte 1972 seine wegweisenden Untersuchungen zur Ethologie der Kinder. In den Vereinigten Staaten erschien 1964 die Arbeit des Psychologen Daniel Freedman über das Verhalten Blindgeborener, die zur Entdeckung des angeborenen zentralen Fixiervorganges geführt hat, 1974 Freedmans Buch »Human Infancy. An Evolutionary Perspective« und 1979 seine »Human Sociobiology«. Detlef Ploog schlug 1964 in Deutschland die Brücke zur Psychiatrie. Kurz, die Zeit war reif für die Humanethologie, und diese speiste sich aus verschiedenen Quellen.

Mit der Niederschrift meines Buches »Grundriß der vergleichenden Verhaltensforschung« fühlte ich mich der Herausforderung gewachsen, durch Forschung am Menschen, wie es Lorenz gefordert hatte, zu prüfen, wieweit seine am Tier erarbeiteten Thesen sich auch für uns Menschen als tragfähig erweisen.

Es traf sich dazu glücklich, daß mir Hans Hass 1963 anbot, die ethologische Beratung zu einer Filmreihe über den Menschen zu übernehmen. Wir wollten das Verhalten des Menschen aus ethologischer Sicht vorstellen. Dazu waren Aufnahmen vom alltäglichen menschlichen Verhalten notwendig, und da wir in den Filmarchiven kein systematisch gesammeltes Material dazu fanden, beschlossen wir, es uns selbst zu verschaffen. Um ungestörte Aufnahmen zu bekommen, entwickelte Hass ein Spiegelobjektiv, das es erlaubte, nach der Seite zu filmen (H. Hass 1970). Die Methode bewährte sich auf gemeinsam durchgeführten Reisen nach Afrika und einer Weltreise, so daß ich beschloß, ein kulturenvergleichendes Dokumentationsprogramm zu entwickeln. Zuvor hatte ich bereits von Taub- und Blindgeborenen Aufnahmen gemacht, die belegen, daß das Grundrepertoire der menschlichen Gesichtsbewegungen (Lachen, Weinen, Lächeln, Ärgermiene) uns Menschen angeboren ist.

Es kann in einer Zusammenschau wie dieser nicht im einzelnen auf die Ergebnisse der humanethologischen Forschungen eingegangen werden. Ich habe sie 1984 in meinem Grundriß der Humanethologie zusammengefaßt (4. Auflage 1997). Es kann als gesichert gelten, daß in Wahrnehmung, Motivation, Lernen und konkreten Verhaltensabläufen stammesgeschichtliche Anpassungen eine große Rolle spielen. Dabei ist keineswegs alles »Tiererbe«. Jene Hirnstrukturen, die uns dazu befähigen, z. B. eine Sprache zu erlernen, gehören ja auch zu der uns angeborenen – aber eben spezifisch menschlichen – Ausstattung, ebenso wie unsere lauterzeugenden Organe. Zu den Universalien gehören auch die meisten der menschlichen Gesichtsbewegungen. Die Übereinstimmung bestimmter Ausdrucksbewegungen, wie etwa der Augengruß (»schnelles Brauenheben«), in verschiedenen Kulturen ist wirklich verblüffend. Das gilt generell für die menschliche Mimik (I. Eibl-Eibesfeldt 1968; I. Eibl-Eibesfeldt und H. Hass 1994).

Darüber hinaus gibt es Universalien des Prinzips. Personen, die einander freundschaftlich begegnen wollen, die aber in keiner intimen Beziehung zueinander stehen, kombinieren beim Grüßen agonale Selbstdarstellung mit prosozialen (freundschaftlichen) Appellen. Wie man das macht, wechselt von Kultur zu Kultur. Betritt ein Yanomami als Festgast das Dorf seiner Gastgeber, tanzt er dort zunächst mit kriegerischem Gebaren eine Runde. Er prahlt mit seinen Waffen und äußert im Sprechgesang Aggressives, wie: »Mich dürstet nach Fleisch.« Diese imponierende Selbstdarstellung verbindet er aber mit freundlichen Appellen. Ein kleines Kind oder eine Frau tanzt mit ihm und schwenkt grüne Wedel. Selbstdarstellung und freundlicher Appell verbinden sich zu der Nachricht: Wir sind stark, aber kommen als Freunde. Wir finden sie auch bei uns. Bei jedem Staatsbesuch präsentieren sich die Gastgeber militärisch über die Ehrenkompanie; früher schoß man sogar Salut. Diese Selbstdarstellung verbindet man mit der freundlichen Geste des Blumenüberreichens durch eine junge Frau oder ein Kind.

Ein weiteres Beispiel für solche Prinzipähnlichkeiten: Besucht ein junger Yanomami eine andere Dorfgemeinschaft, dann rastet er zunächst in der Hängematte eines Mannes, dessen Freundschaft er besitzt oder sucht. Nach einer Weile entnimmt er seinem Köcher ein Bündel Pfeilspitzen und zeigt sie seinem Gastgeber (I. Eibl-Eibesfeldt 1984/1997). Er erklärt dazu, woher die einzelnen Pfeile stammen, und breitet somit sein soziales Beziehungsnetz aus, denn alle diese Pfeile erhielt er als Geschenke von Männern anderer Gruppen. Es handelt sich um eine Art der Selbstdarstellung, die uns durchaus vertraut ist. Der Yanomami präsentiert sich als wichtiger Partner, so wie es bei uns gerne mit dem »name dropping« geschieht. Früher war es in Europa üblich, daß Besucher ihre Visitenkarten in einer Schale im Vorraum der Wohnung ablegten, so daß andere sehen konnten, welche Beziehungen man hatte.

Es gibt so etwas wie ein uns Menschen angeborenes Regelsystem für das Betragen, eine universale Grammatik menschlichen Sozialverhaltens. So wird das Geben und Nehmen von der Objektbesitznorm, der Akzeptanzregel und der Reziprozitätsnorm kontrolliert. Bereits Einjährige beginnen, diese Regeln zu beachten, und sie wissen spontan, daß sie über das Geben freundliche Kontakte zu anderen stiften können.

## Ausblick

Bei einer Disziplin, die mit so vielen Nachbardisziplinen vernetzt ist und selbst in so viele Teildisziplinen auffächert, werden die Schwerpunkte des Interesses immer wieder wechseln. Das hängt von den Forscherpersönlichkeiten ab und deren spezieller Vita und Begabung, ebenso wie von den Denkanstößen, die von Nachbardisziplinen ausgehen. Die Ethologie ist in geradezu idealer Weise interdisziplinär ausgerichtet und eignet sich daher in besonderer Weise für die Analyse auf breiter Front, wie Konrad Lorenz sie propagiert hat. Was blieb von ihm? werde ich oft gefragt. Was blieb von Darwin? stelle ich dieser Frage entgegen. In ihr liegt schon die Antwort begründet. Darwin wußte nichts von Erbanlagen, Genetik, von der Art der stufenweisen Dekodierung genetisch festgeschriebener Information in der Embryonalentwicklung und der weiteren Ontogenese. Er entdeckte den Artenwandel und entwickelte zu ihrer Erklärung die Selektionstheorie. All dies, sorgfältig von ihm begründet, hat bis heute die Forschung in den verschiedensten Richtungen vorangetrieben. Wir alle stehen auf Darwins Schultern.

Gleiches gilt für Lorenz. Seine Frage nach der Herkunft der Angepaßtheit im Verhalten und der Nachweis stammesgeschichtlicher Angepaßtheit – in der Wahrnehmung ebenso wie in der Motorik – und schließlich seine für die Lernpsychologie besonders wichtige Entdeckung der Prägung als einer angeborenen Lerndisposition machte die bis dahin von den Morphologen als unsolide bewertete »Instinktforschung« für die Forschung akzeptabel. Seine durch Tierbeobachtungen und Experimente wohlfundierten Hypothesen haben eine Fülle von Arbeiten angeregt. Lorenz wies die bis dahin ideologisch ausschließlich auf das Lernen als Erklärungsprinzip beschränkte Milieutheorie in die Schranken. Aber er hat die Lerntheorie durch den Hinweis auf die das Lernen eingrenzenden vorgegebenen Modifikationsbreiten bereichert. Allfälligen Ideologen liegt natürlich daran, keine Grenzen der Beliebigkeit anzuerkennen, und so predigen sie trotz des kaum zurückliegenden Scheiterns des Kommunismus weiter, daß alles nur Konstruktion sei.

Gerade für uns Menschen, die wir uns so über die Natur erhaben dünken, ist die Einsicht wichtig, daß nicht nur unser Körper und unsere Physiologie eine stammesgeschichtliche Entwicklung hinter sich haben, die oft nur geringe Abweichungen von der über die Selektion gefundene Norm gestattet. Dies für das Verhalten anzuerkennen fällt manchem schwer, obgleich hier wie dort durch stammesgeschichtliche Angepaßtheit auch eine gewisse Sicherung gegen allzugroße Aberration vorgegeben ist.

Im biologischen Erbe liegt viel Gutes begründet. Ohne die Fähigkeit zu Mitgefühl und Liebe wären wir wohl gräßliche Geschöpfe, und selbst unser Streben nach Macht, das sich – wie wir alle wissen – in schrecklicher Weise bis zum heutigen Tag kriegerisch austobt, ist nicht pauschal zu verurteilen. Wir »verbeißen« uns auch in Aufgaben, »attackieren« Probleme, und schließlich gibt es sogar den gerechten Zorn. Dominanzstreben wird zum Problem, wenn ein Volk ein anderes unterwirft, vertreibt oder gar vernichtet.

Manche unserer stammesgeschichtlich entwickelten Verhaltensdispositionen passen nicht auf unsere Millionengesellschaften und in die technisch-zivilisierte Welt von heute.

Das gilt z. B. für unsere Programmierung auf den Wettlauf im Jetzt, die uns gegenwärtig in den verschiedensten Bereichen der Wirtschaft und der Politik in die Irre führt. Das kurzsichtige Rechnen mit quasi ewigem Wachstum führt zu Ressourcenvergeudung und zu Fehlkalkulationen, die Staatsverschuldung und Armut zur Folge haben. Gegenwärtig verschleudern Politiker der Europäischen Union Staatsvermögen, ohne sich um die Folgelasten zu kümmern. Sie übersehen, daß sie an die Konkurrenz ihrer Staatsbetriebe – die im übrigen Volkseigentum sind – keine Betriebe, sondern Märkte verkaufen. Die Betriebe werden dann oft geschlossen; die Folge ist Arbeitslosigkeit. Was erhielt der österreichische Staat für den Verkauf von Semperit, und was handelte er sich bis heute an Folgelasten mit den durch diesen Handel verursachten Arbeitslosen ein? Die Triebwagenwerke von Görlitz gingen an die kanadische Firma Bombardier. Die Produktion in Görlitz wurde eingestellt. Folge: 25 Prozent Arbeitslose – über Jahre! Wie verrechnet sich das in einer Kosten-Nutzen-Rechnung? Selbst sensible Bereiche wie Energieversorgung, öffentlicher Verkehr, Telekommunikation und anderes mehr stehen mittlerweile zur Disposition – Bereiche, deren strategische Bedeutung sehr groß ist. Entstaatlichung dient keineswegs immer dem Wohl des Staates.* Wir werden sicher aus Erfahrung lernen, aber müssen diese Erfahrungen immer Katastrophen sein? Es fällt uns Menschen schwer, mit unserer neu verfügbaren Macht umzugehen. Das müssen wir lernen, und auf Lernen baut Kultur. Wir sind zu nichts dank unserer Biologie »verurteilt«, wohl aber verpflichtet, sie zur Kenntnis zu nehmen und uns etwas genauer im Spiegel zu betrachten, um uns zu verstehen. Dazu wies Konrad Lorenz neue Wege.

---

\* Hierzu kritischer in Eibl-Eibesfeldt 1998.

# Die Rückseite des Spiegels

Nach seiner Emeritierung erhielt Lorenz 1973 als Krönung seines Lebenswerkes mit dem Nobelpreis die höchste wissenschaftliche Auszeichnung und damit auch die internationale Anerkennung des von ihm und Niko Tinbergen ins Leben gerufenen Faches. Im gleichen Jahr erschien sein Buch »Die Rückseite des Spiegels«, in dem er das bereits in Königsberg aufgeworfene Thema einer Naturgeschichte menschlichen Erkennens aufgriff und Fragen des kritischen und hypothetischen Realismus und des stammesgeschichtlichen Apriori der unseren kognitiven Leistungen zugrunde liegenden Anpassungen diskutierte. Er war nach seiner Emeritierung in sein Vaterhaus in Altenberg übersiedelt. Auf die verdienstvolle Initiative von Rupert Riedl bildete sich ein interdisziplinäres Kollegium, das allwöchentlich zu einer Diskussionsrunde zusammentrat und das sich vor allem mit den Fragen der biologischen Erkenntnistheorie befaßte. Die Diskussionen führten auch zu intensiven Gesprächen mit Karl Popper, mit dem Lorenz schon in seinen Kindertagen befreundet war. Dank einer von Traudl und Peter Engelhorn geleisteten Stifung konnte nach Lorenz' Tod das »Konrad Lorenz Institut für Evolutions- und Kognitionsforschung« gegründet werden, das sich weiter um die Pflege seines geistigen Erbes bemüht. Es ist in seinem Vaterhaus in Altenberg beheimatet.

Bis zu seinen letzten Tagen trug sich Lorenz mit Plänen zu weiteren Büchern. Kurz vor einer Expedition an den Orinoko besuchte ich ihn. Er sprach von einem Buch über seine Tiere, das er plane, und zeigte mir Skizzen, die er dazu angefertigt hatte. Ich erkannte sogleich seinen Lemur mongoz, über den er so viel erzählt hatte, was ihn freute. Ich war bereits in Venezuela, als mich die Nachricht von seinem Tod erreichte. Er nahm ihm die Feder aus der Hand. Es wäre gewiß ein bezauberndes Buch geworden wie sein Klassiker »Er redete mit dem Vieh, den Vögeln und den Fischen«.

Konrad Lorenz

# Eigentlich wollte ich Wildgans werden

## Aus meinem Leben

Wenn man als Wissenschaftler versucht, die tieferen Wurzeln seiner eigenen Interessen zu verstehen, ist es recht interessant, seine frühesten Kindheitserinnerungen zu erforschen. Als ganz junger Bub liebte ich Eulen und war fest entschlossen, *eine Eule zu werden*. Entscheidend bei dieser Berufswahl war die Überlegung, daß Eulen nicht so früh ins Bett mußten wie ich, sondern während der ganzen Nacht frei herumfliegen durften.

Ich lernte schon frühzeitig schwimmen, und als ich begriff, daß Eulen nicht schwimmen konnten, sanken sie in meiner Wertschätzung. Ich wollte ein Tier werden, das fliegen, schwimmen und in Bäumen sitzen konnte. Das Photo einer Sandwich-Gans\*, die auf einem Ast saß, verleitete mich, die Sandwich-Gans zum Ideal meines Lebens zu erheben. Noch kaum sechs Jahre alt, war ich von Selma Lagerlöfs unsterblicher Geschichte »Wunderbare Reise des kleinen Nils Holgersson mit den Wildgänsen« tief berührt. Nun wollte ich eine Wildgans werden, so wie sie von der schwedischen Dichterin idealisiert worden war.

Nur langsam wurde mir klar, daß ich keine Gans *werden* konnte, und fortan wünschte ich mir brennend, wenigstens eine *zu haben*. Als meine Mutter das nicht zuließ, weil Gänse

---

\* Hawaiian Goose, Ne-ne, *Branta sandvicensis*. (Alle Fußnoten im Text stammen vom Übersetzer.)

in unserem Garten zu viel Schaden anrichten würden, gab ich mich mit einer Ente zufrieden. Als bei einem Bauern in unserer Nachbarschaft eine Henne eine Schar Entenküken führte, gelang es mir, meine Mutter zu überreden, mir eines der Entenkinder zu kaufen. Sie tat das trotz der Proteste meines Vaters, der es für Tierquälerei hielt, einem Sechsjährigen ein lebendes Entenkind anzuvertrauen; er prophezeite sein frühes Ende. Damit hatte er unrecht. Die Ente erreichte ein Alter, das Hausenten nur selten beschieden ist.

Ein interessantes Detail, welches mich mit einem gewissen Stolz erfüllt – ich muß es gestehen –, war meine Auswahl: Ich suchte mir das einzige rein wildfarbige Entenküken aus der Brut aus. Meine spätere Frau\*, die sich am nächsten Tag auch ein Entenkind aussuchen durfte, mußte sich mit einem zufriedengeben, das einen weißen Flügel hatte. Ich erinnere mich nicht, warum wir die weißen Enten nicht mochten, aber das wilde Geflügel zu bewundern und das domestizierte zu verachten erschien mir damals so natürlich wie heute.

Die Folge des Erwerbs der zwei Entenkinder war die Entdeckung der Prägung. Der Prozeß der Prägung ist bei Hausenten nicht so starr wie bei den wilden Stockenten. Insbesondere ist die Zeitspanne, in der die Prägung stattfinden kann, nicht so scharf begrenzt. Und obwohl beide Entenküken bereits einer Henne nachgelaufen waren, wurden sie doch noch recht annehmbar auf uns geprägt. Meines, welches ich beinahe 24 Stunden früher bekommen hatte als meine Frau das ihrige, war deutlich zutraulicher und enger an mich gebunden als das meiner Frau an diese (obwohl sie das bis auf den heutigen Tag bestreitet). Was wir nicht bemerkten und was erst viele Jahre später klar wurde, war die Tatsache, daß ich selbst in diesem Lebensabschnitt auf Enten

---

\* Lorenz spricht hier von der jungen Gretl Gebhardt (vgl. auch S. 53, 54, 61, 63, 66, 106).

geprägt wurde. Meine unsterbliche Liebe zu Enten ist ein gutes Beispiel für die grundsätzliche Irreversibilität der Prägung. Meine Frau ist etwas älter als ich. Vielleicht ist das der Grund, warum sie nicht auf Enten geprägt wurde.

An diesem Punkt meiner Lebensgeschichte muß ich in großer Dankbarkeit meiner Kinderfrau Resi Führinger gedenken. Sie hatte die Erfahrung und Weisheit einer alten Bäuerin, und von ihr habe ich vieles gelernt. Zum Beispiel, wie man ein Entenküken füttert, aber auch, was unendlich wichtiger ist, wie man es warm hält. Durch ihre Hilfe, dieses Entenkind großzuziehen, hatte sie wohl einen stärkeren Einfluß auf meine wissenschaftliche Laufbahn als irgendeiner meiner späteren, hochverehrten Lehrer.

Nachdem wir unsere Entenkinder bekommen hatten, erfanden wir ein neues »Rollenspiel«: Wir wurden Entenmütter. Wir wateten an den Ufern stiller Seitenarme der Donau, suchten die Tümpel mit den meisten Insektenlarven und sahen unseren Entenkindern begeistert zu, wie sie sich ihre natürliche Nahrung schmecken ließen. Sie entwickelten sich tatsächlich großartig; ein wichtiger Grund für diesen Erfolg war, neben den Anleitungen Resis, daß wir gelernt hatten, die Lautäußerungen und Ausdrucksbewegungen unserer Kinder in ihren Feinheiten zu verstehen. Wir reagierten richtig, wenn unsere Pfleglinge »weinten«, und wir verstanden, ob der Grund dafür Hunger, Kälte oder Kontaktbedürfnis war. Wir verstanden den »Fütterlaut« und suchten Tümpel, in denen er von unseren Entchen häufig zu hören war als Hinweis dafür, daß sie in der schlammigen Brühe für uns unsichtbare Würmer oder Mückenlarven gefunden hatten. Und wir hörten ihren zauberhaften »Einschlaf-Triller«, den Entenvögel und auch Hühnervögel von sich geben, wenn sie Körperkontakt suchen und gehudert werden möchten; wir versuchten dann sofort, sie zufriedenzustellen, und machten ihnen eine gemütliche Höhle in unseren Pullovern, in der sie schlafen konnten. Wir lebten mit ihnen ein richtiges Entenleben. Nach einigen Monaten waren wir wohlvertraut mit all dem, was eine Ente tun und sagen kann. Damals wußten wir nicht, daß man dieses Wissen viele Jahre später ein »Ethogramm« nennen würde. Ich erinnere mich noch bis in kleinste Einzelheiten, was wir damals mit unseren Entenkindern taten und sie mit uns, in diesem glücklichen Sommer des Jahres 1908. Offenbar vergißt man wissenschaftlich wichtige Erinnerungen nicht, selbst wenn sich die Ereignisse schon vor 75 Jahren zugetragen haben.

Die Menge an wichtigen Erkenntnissen, die zwei intelligente Kinder von zwei domestizierten Hausenten ohne besondere Anleitung gewinnen konnten, zeigt sehr schön, daß diese Vögel besonders instruktive Lehrobjekte sind. Natürlich war mein Verlangen nach mehr Enten – und nach mehr Entenkenntnis – geweckt worden. Mein nächstes Ziel waren amerikanische Brautenten *(Aix sponsa)*, die man leicht in Gefangenschaft züchten konnte – so war jedenfalls in »Brehms Tierleben« zu lesen. Meine Eltern, denen ich größte Dankbarkeit schulde, unterstützten meine Entenliebe in unglaublicher Weise. Ein erster Teich wurde angelegt, dann ein zweiter und schließlich ein dritter. Meine Leidenschaft für das Sammeln war erwacht, wurde aber doch, zumindest während meiner frühen Kindheit, in Grenzen gehalten. Immerhin konnte ich ja Entenarten, die ich nicht selbst halten konnte, im Zoo beobachten.

Selbst in jener frühen Kindheit führte ich bereits eine Art Doppelleben, denn meine Interessen waren schon bald zwischen Enten und Aquarien geteilt. Mein erstes Aquarium entstand durch Zufall. Kurz ehe ich in die Volksschule kam, brachten meine Eltern von einem Sonntagsspaziergang im Wienerwald einen Salamander mit. Mein Vater gab mir das Tier mit dem Auftrag, es am nächsten Sonntag zur Fundstelle zurückzubringen und dort freizulassen. Zögernd stimmte ich zu und wurde fürstlich belohnt für meine Folgsamkeit: Der Salamander, ein Weibchen, gebar 44 Larven, die eines schönen

Morgens in der kleinen Wasserschüssel des Terrariums herumschwammen.

Dieses Ereignis machte die Anschaffung eines Aquariums unumgänglich, und gleichzeitig bekam ich meine erste Lektion über den Stoffwechsel luftatmender Tiere. Ich wollte das Aquarium bis oben angefüllt haben, aber Resi überzeugte mich, daß die Larven seichtes Wasser brauchen, weil sie bald nach der Geburt Lungen entwickelten, gleichzeitig die äußeren Kiemen zurückbilden würden und dann auf Luftatmung angewiesen wären. Resis natürlichem Talent für Tierhaltung war es zu verdanken, daß wir 12 von diesen 44 Larven bis zur Metamorphose durchfütterten.

Ein Salamander, der sich eben aus einer Larve verwandelt hat, ist wohl eines der bezauberndsten Tierbabys, das man sich vorstellen kann: eine genaue Miniaturausgabe des Erwachsenen, die gleiche auffallende gelb-schwarze Färbung und nahezu die gleichen Körperproportionen. Ich erinnere mich, als ob es gestern gewesen wäre, wie die jungen Salamander zu atmen begannen, indem sie den Boden ihrer Mundhöhle bewegten, Luft einsogen und in ihre Lungen pumpten. Die ersten Bewegungen waren noch unregelmäßig, aber bald wurden sie rhythmisch, wie bei den meisten erwachsenen Amphibien. Mir war nun völlig klar, daß die jungen Salamander ertrinken würden, wenn sie nicht aus dem Wasser herauskriechen könnten. Kein einziger ertrank.

Die Verwandlung meiner Salamander in Landtiere veranlaßte mich, ein großes, wunderschönes Terrarium im Freien zu bauen, das nicht nur meine Salamander beherbergte, sondern auch Molche verschiedener Arten und kleine Frösche. Ich war ein Sammler und Liebhaber von Amphibien geworden. Ich erinnere mich an Erfolge und Mißerfolge, zum Beispiel an das tragische Mißlingen meines Versuchs, kleine Frösche über den Winter am Leben zu erhalten.

Nachdem der letzte meiner zwölf Salamander seine Metamorphose beendet hatte, stand das Aquarium leer, und natürlich begann ich, Fische zu halten. Zunächst waren es ganz gewöhnliche einheimische Arten aus den Donauarmen. Schon damals hatte ich das vage Gefühl, daß »Stachelflosser«* etwas viel »Edleres« wären als Elritzen**. Später spezialisierte ich mich auf nordamerikanische Sonnenbarsche (*Centrarchidae*) und noch später auf Cichliden. Das Züchten von Cichliden und meine Beobachtung ihres Brutpflegeverhaltens eröffnete mir Einblicke in die Funktion instinktiven Verhaltens. Die wichtigste Entdeckung machte jedoch mein Freund Bernhard Hellmann. Er versuchte die sehr aggressiven südamerikanischen Cichliden *Geophagus brasiliensis* zu züchten. Sein Männchen hatte das Weibchen getötet, und nachdem es nun schon einige Zeit allein gewesen war, machte es Anstalten, jeden neuen Artgenossen umzubringen, egal welchen Geschlechts. In diesem Augenblick hatte Bernhard einen genialen Einfall: Er kaufte ein neues Weibchen, hing aber zunächst einen Spiegel ins Aquarium. Das Männchen begann sofort, sein Spiegelbild zu bekämpfen. Erst nachdem das Männchen bis zur völligen Erschöpfung gekämpft hatte, setzte Bernhard das neue Weibchen hinzu, und sofort begann die Balz. Mit anderen Worten: Bernhard hatte offenbar im Alter von 17 Jahren eine Vorstellung von dem, was wir heute »aktionsspezifische Energie« nennen – etwas, das in Zeiten der Inaktivität »sich aufstaut« und das »aufgebraucht wird«, wenn das entsprechende Verhaltensmuster ausgeführt wird.

Nachdem ich die Matura bestanden hatte, begann ich an der Universität Wien auf Wunsch meines Vaters mit dem Medizinstudium; ich selbst wollte Zoologie und ganz besonders Paläontologie studieren, besessen wie ich war von meinem Interesse für Evolution. Auch hier erinnere ich mich noch sehr deutlich daran, wie mein Interesse erwacht ist. Wir

---

* Barsche und barschartige Fische.
** Elritzen gehören zu den Karpfenartigen.

saßen beim Tee unter dem Flügelnußbaum in unserem Garten, als eine Wespe auf dem Honigbrot landete, das mein Vater gerade in der Hand hielt. Meine Mutter wollte die Wespe verjagen, aber mein Vater ließ es nicht zu und erklärte, daß die Wespe niemals stechen würde, es sei denn, man griffe sie an. Dann erklärte er mir, was ein Insekt ist, daß es wegen der Einschnitte zwischen den Körperteilen Kopf, Thorax und Abdomen so genannt wird, und wies darauf hin, daß die Metameren des Abdomens ineinandergleiten wie die Teile eines Teleskops. Ein paar Tage später beobachtete ich einen Regenwurm beim Kriechen und sah, wie die Metameren des Wurmes sich näherten und voneinander entfernten, während sich die einzelnen Teile des Rumpfes zusammenzogen oder ausdehnten. Das erinnerte mich an den Aufbau des Wespenkörpers, und bei der nächsten Gelegenheit fragte ich meinen Vater, ob Regenwürmer Insekten seien. Mein Vater war offensichtlich überfragt – in diesem Augenblick litt mein Vertrauen in seine Allwissenheit erheblich.

Ein paar Tage danach entdeckte ich in dem Buch »Schöpfungstage« von Wilhelm Bölsche ein Bild von *Archaeopterix*. Dort war zu lesen, daß *Archaeopterix* mit Zähnen im Kiefer und einem langen Schwanz mit je zwei Federn pro Wirbel eine Übergangsform zwischen Reptil und Vogel darstellt. Augenblicklich verstand ich den Erklärungswert der Evolution, und ich fand meine Verallgemeinerung gerechtfertigt, in den Ringelwürmern selbstverständlich die Vorfahren der Insekten zu sehen.

Kindheitserinnerungen sind wie Photographien, nicht wie bewegte Filmbilder. Ich weiß noch genau, an welcher Stelle im Wald bei Altenberg, während eines Spaziergangs, ich meinem Vater von meiner Entdeckung der Evolution erzählte. Gewöhnlich hat er meinem Geschwätz nicht zugehört, und meine Frau behauptet, ich hätte in jenem Alter sehr viel geschwätzt. Aber diesmal hörte mir mein Vater sehr aufmerksam zu und begann wohlgefällig zu lächeln. Da verstand ich plötzlich, daß er schon all das *wußte*, was ich ihm eben zu erzählen versuchte. Ich erinnere mich noch genau, wie sehr ich mich über meinen Vater ärgerte, weil er etwas so Wichtiges wußte und es nicht für notwendig erachtet hatte, mir davon zu erzählen. Nun erinnere ich mich zwar, wo dieses Gespräch stattgefunden hat, aber nicht, wann. Es muß jedoch ziemlich früh gewesen sein, denn ich weiß noch, wie ich mich damals am kindlichen Rollenspiel begeistert habe. In meiner Begeisterung für Paläontologie und für das Bölsche-Buch spielten meine Frau und ich »Iguanodon«: Wir banden uns Stücke von einem alten Gartenschlauch auf den Rücken, streckten unsere Arme nach vorne mit den Daumen nach oben, wie dies auf der Abbildung von *Iguanodon bernissartensis* zu sehen war, und schritten bedächtig umher. Nun hat sich zwar kindliches Spiel in meinem Leben sehr lange gehalten, aber ich glaube, als dies geschah, kann ich nicht viel älter als sechs gewesen sein, denn ich erinnere mich daran, daß Resi mir damals aus Bölsches Buch noch vorgelesen hat.

Mein Wunsch, Paläontologe zu werden, wurde durch das Medizinstudium abgelenkt. Eine der ersten Vorlesungen war die des Anatomen Professor Ferdinand Hochstetter. Er war nicht nur ein brillanter Anatom und ausgezeichneter Kenner der Wirbeltiere. Noch wichtiger war für mich, daß sein Hauptinteresse der vergleichenden Embryologie galt. Er war ein hervorragender Lehrer der vergleichenden Methode und stets bemüht, die Studenten von deren Wert zu überzeugen.

Damals habe ich nämlich nicht nur Enten aufgezogen, sondern auch verschiedene Arten von Vögeln, Fischen und Amphibien und war daher mit der ontogenetischen Entwicklung ihrer Verhaltensweisen vertraut. Ich kannte ebenso die Verhaltensmuster der Balz, welche bei Molchen, Fischen und Vögeln auffallend ähnlich, in konvergenter Evolution, entstanden sind. Ich hätte um vieles dümmer sein müssen, als ich damals war, um nicht sofort zu verstehen, daß die Me-

thode der vergleichenden Morphologie in gleicher Weise auf
Verhalten angewendet werden konnte und mußte. Schließ-
lich hatten ja Bernhard und ich das schon getan, als wir die
Antennenbewegungen der Salzkrebs-Larven mit jenen der
Wasserflöhe verglichen. Offensichtlich mußte das, was wir
über das Verhalten von Wasservögeln wußten, in gleicher
Weise beurteilt werden.

Dies ist nämlich die Entdeckung der Grundlage aller
Ethologie. Damals hatte ich die Wichtigkeit dieser Einsicht
sicher noch nicht verstanden und auch einige Jahre später
nicht, als ich den Mann traf, der diese Entdeckung schon vor
Jahren gemacht hatte: Oskar Heinroth. Der hatte nämlich
nicht nur entdeckt, daß Verhaltensweisen ebenso verläßliche
Merkmale von Arten, Gattungen und höheren taxonomischen Einheiten sind wie Körpermerkmale, sondern er hatte
dies auch bei der gleichen Tiergruppe wie ich entdeckt, bei
den Entenvögeln! Erst viel später, nachdem Heinroth und
ich gute Freunde geworden waren, stießen wir auf den
tatsächlichen Pionier der »vergleichenden Verhaltensforschung«, Charles Otis Whitman, der schon zehn Jahre
früher als Heinroth die gleiche Tatsache verstanden hatte:
als Folge seiner Beobachtungen an Tauben.

Aber weder Heinroth noch Whitman waren sich der enor-
men wissenschaftlichen Bedeutung ihrer Entdeckung bewußt. Die Tatsache, daß angeborene Verhaltensweisen bei
verschiedenen Tierarten ebenso homolog sind wie anatomische Merkmale, war ein vernichtender Schlag gegen gewisse
Lehrmeinungen, die auch heute noch von einigen Psychologen vertreten werden. Karl Bühler, bei dem ich in Wien Psychologie studierte, hatte damals häufig amerikanische Kollegen zu Gast. Ich fragte jeden einzelnen, ob er (oder sie) von
Charles Otis Whitman gehört hätte. »Nein, noch nie!« Es ist
noch gar nicht lange her, da traf ich zufällig Whitmans Sohn,
einen erfolgreichen Geschäftsmann, und auch er hatte keine
Ahnung von der wissenschaftlichen Bedeutung seines Va-

ters. Das einzige, was er von ihm wußte, war, daß er »verrückt nach Tauben war« und viele Käfige mit diesen Vögeln hatte.

Gestatten Sie mir, an dieser Stelle etwas über »Amateure« oder »Dilettanten« zu schreiben. Das Wort Amateur leitet sich vom lateinischen *amare*, »lieben«, ab, Dilettant vom italienischen *dilettarsi*, »sich an etwas ergötzen«. In der Wissenschaft ist es heute Mode geworden, zu experimentieren, statt zu beobachten, zu quantifizieren, statt zu beschreiben. Die beschreibende Wissenschaft, die auf einfachen, unvoreingenommenen Beobachtungen beruht, ist jedoch *die* Grundlage allen menschlichen Wissens. Ich behaupte nun, daß selbst eine Person mit der übermenschlichen Geduld eines Yogi nicht lange genug beobachten könnte, um die Gesetze zu entdecken, die den Verhaltensweisen der Tiere zugrunde liegen. Nur ein Mensch, der mit dem unerklärlichen Genuß eines Amateurs und der Verliebtheit eines Dilettanten auf das Objekt seiner Leidenschaft zu starren vermag, ist fähig zu entdecken, daß zum Beispiel der »Grunzpfiff« bei vielen Arten der Gattung *Anas* sehr ähnlich abläuft, aber in der Knäckenten-Löffelenten-Gruppe* etwas anders, oder daß das Paarungsvorspiel von Schwänen und Gänsen sehr ähnlich ist.

Die Homologie von Verhaltensmustern kann wirklich nur von einem Dilettanten entdeckt werden. Dies gilt aber auch für viele andere wichtige Erkenntnisse der Verhaltensforschung. Karl von Frisch, einer der hervorragendsten Biologen seiner Zeit, machte die aufregendsten Entdeckungen bei Bienen *nicht* in seinem Institut in München, sondern zu Hause im alten Gehöft in Brunnwinkel am Wolfgangsee, das seit Generationen im Besitz der Familie war. Ich behaupte, daß dieser großartige Experimentator die Bienen-

---

\* Knäckente, *Anas querquedula,* und Löffelente, *Anas clypaeta,* sind offenbar eine Untergruppe der Gattung *Anas.*

sprache niemals entdeckt hätte, wäre er nicht ein Bienenliebhaber gewesen.

Wir alle, Amateure und Dilettanten, können eine ganze Reihe großer Wissenschaftler zu unseren Mitgliedern zählen, und das gilt besonders für die Liebhaber von Wassergeflügel. Nicht daß ein Liebhaber deswegen gleich ein Wissenschaftler sein müsste! Wenn aber jemand ein echter Amateur, ein echter Liebhaber irgendeiner Art von Fischen, Vögeln oder Säugetieren ist, dann kann er nicht umhin, ein Experte zu werden. Und nochmals: Der Experte braucht kein Wissenschaftler zu sein, aber der Wissenschaftler ist ohne Zweifel dazu verpflichtet, ein Experte zu werden. Wenn ein Experte zum Wissenschaftler wird, dann spielt sich das oft ungefähr so ab: Der Experte, der noch gar nicht auf die Idee käme, sich für einen Wissenschaftler zu halten, liest und hört, was berühmte Wissenschaftler geschrieben und gesagt habe über das, worin er, der Experte, sich sehr gut auskennt. Dann merkt er zu seiner großen Überraschung, daß die berühmten Männer keine Vorstellung von dem haben, wovon sie reden, und daher völlig unsinnige Meinungen vertreten.

Mir kam diese Erkenntnis, als ich auf Verlangen meines Lehrers Karl Bühler die Werke der berühmten Vitalisten und Zweckpsychologen* wie auch die der ebenso berühmten Behavioristen studierte. Kein einziger von ihnen kannte die Erscheinungen, die ich zu verstehen versuchte. Das besonders Ermutigende für den Experten der Verhaltensforschung ist, daß die gleiche Erfahrung zu einem hohen Grad der Übereinstimmung in grundsätzlichen Dingen führt. Ob ich nun mit einem Nestor unserer Wissenschaft wie Jean Delacour rede oder mit einem der jüngsten Nachwuchsforscher (von denen es glücklicherweise einige gibt), kaum jemals bedarf es

---

* Zweckpsychologie, *purposivistic psychology*, eine von amerikanischen Psychologen im Umkreis von William McDougall und Edward Chase Tolman vertretene Richtung.

einer Diskussion jener grundlegenden Probleme, die in der Psychologie und selbst in der Ethologie so kontrovers sind. Alle wissen einfach, was eine angeborene Verhaltensweise ist, auch wenn es ihnen niemals erklärt wurde.

Bernhard Hellmann hatte mir 1922 zum Geburtstag »Die Vögel Mitteleuropas« von Oskar Heinroth geschenkt, ein Werk, das nichts weniger ist als eine »Vergleichende Entwicklungsgeschichte des Verhaltens der Vögel«. Mir wurde klar, daß der Vergleich der Ähnlichkeiten und Unähnlichkeiten lebender Tiere viel bessere Einsichten in die Stammesgeschichte und den Verlauf der Evolution vermittelte als die Untersuchung von Fossilien, die so selten und lückenhaft sind. Plötzlich verstand ich, daß die reine Beobachtung dessen, was ein Vogel tut, daß meine Beschäftigung, die ich bisher nur für das Steckenpferd eines Amateurs gehalten hatte, tatsächlich ernsthafte Wissenschaft war. Das Ziel meines Lebens als Wissenschaftler hatte feste Formen angenommen.

Wir beide, Bernhard Hellmann und ich, haben uns während der letzten Jahre im Gymnasium (1920 bis 1922) besonders mit einer eigenartigen Gruppe von Kleinkrebsen beschäftigt: den Blattfußkrebsen. Unser Interesse entwickelte sich aus der Routine, Lebendfutter für unsere Aquarienfische zu fangen. Ein älterer Freund, dem ich zu ewigem Dank verpflichtet bin, hatte mir ein kleines Mikroskop geschenkt, und aus reiner Neugier sah ich mir nun das Ergebnis meiner Beutezüge in den Donautümpeln an, bevor ich die Tierchen an meine Fische verfütterte. Als ich die Vielfalt von Formen sah, erfaßte mich die Sammlerleidenschaft.

Die Kleinkrebse, die uns besonders faszinierten, waren die in unserem Fischfutter reichlich vertretenen Wasserflöhe, die wir als Präparate ebenso wie als Photographien sammelten. Wir machten unsere Aufnahmen mit einer riesigen alten, über dem Mikroskop montierten Kamera, wobei das Objektiv der Kamera durch das Mikroskop ersetzt wurde. Wir wußten, daß die Wasserflöhe zu der Unterordnung der Blattfüßer gerechnet werden, und wollten daher einige Vertreter dieser Gruppe genauer untersuchen.

Ich habe eine vage Erinnerung daran, daß während des Hochwassers der Donau im Jahre 1909 in den überfluteten Feldern sich viele Kleinkrebse tummelten, die erheblich größer als Wasserflöhe waren, und wir schlossen rückblickend, daß es sich dabei wohl um *Conchostraca*\*, insbesondere um *Esteriides*, gehandelt haben mußte. Die einzigen Großblattfußkrebse, die wir bekommen konnten, waren *Artemia salina*\*\*, deren Eier man schon damals in Tierhandlungen kaufen konnte. Als wir die frühen Nauplius-Stadien dieser Art beobachteten, sahen wir, daß sie sich mit der zweiten Antenne fortbewegten, wie das bei Wasserflöhen üblich ist, und hatten den genialen Einfall, daß Wasserflöhe von den Großblattfußkrebsen abzuleiten sind und eine »neotene«\*\*\* Form sind, was auch die verminderte Anzahl von Körpersegmenten erklären kann. Wir entwickelten ferner die Hypothese, daß Wasserflöhe zweimal aus Großblattfußkrebsen entstanden waren: Die zweischaligen sind wohl aus den *Conchostraca* entstanden, während *Onychopoda* wie zum Beispiel *Bythotrephes* und *Polyphemus* von Formen abstammten, die *Branchinecta* oder *Branchipus* ähnlich waren.

Erst das Hochwasser der Donau von 1937 hatte wieder eine lang andauernde Überflutung der Felder zur Folge mit Unmengen von Großblattfußkrebsen. Ich konnte sieben verschiedene Arten nachweisen, einschließlich des großartigen *Triops canceriformis*. Bernhard Hellmann war damals bereits nach Holland ausgewandert, was ihn allerdings nicht davor bewahrt hat, während des Krieges nach Polen depor-

---

\* Eine Gruppe der Großblattfußkrebse.
\*\* Salzkrebse.
\*\*\* Frühreife Formen, die zwar noch Jugendmerkmale haben, aber schon fortpflanzungsfähig sind.

tiert und in einem Konzentrationslager umgebracht zu werden.

Noch bevor ich den Titel eines Doktors der Medizin erworben hatte, wurde ich zuerst wissenschaftliche Hilfskraft und später Assistent an Hochstetters Institut. Gleichzeitig begann ich am Zoologischen Institut bei Professor Versluys Zoologie zu studieren und nahm überdies am psychologischen Seminar von Professor Karl Bühler teil, der sich besonders für meinen Versuch interessierte, die vergleichende Methode der Morphologie auf das Verhalten anzuwenden. Es war Bühler, der mich darauf aufmerksam machte, daß meine Ergebnisse sowohl den Lehrmeinungen der vitalistischen, »instinktivistischen« Schule der Zweckpsychologen McDougall und Tolman widersprachen wie auch jenen der mechanistischen oder behavioristischen Schule, die von Yerkes und Watson vertreten wurde.

Bühler stellte mir die Aufgabe, in seinem Hauptseminar über die wichtigsten Werke der Zweckpsychologie zu referieren, William McDougalls »An Outline of Psychology« und Edward Chase Tolmans »Purposive Behavior in Animals and Man«. Dem folgte ein Referat über das berühmte Buch von John B. Watson, »Behaviorism«. Damit zwang mich Bühler, diese Werke sorgfältig durchzuarbeiten. Dabei erlitt ich eine große Enttäuschung: Nicht einer dieser Autoren *kannte* Tiere, kein einziger war vertraut mit ihnen, so wie es Heinroth war oder selbst ich noch als junger Student. Ich war überwältigt von der vielen Arbeit, die da noch getan werden mußte, und von der Einsicht, daß das einen neuen Zweig der Wissenschaft erforderte – und daß all dies zu bewerkstelligen nun mehr oder weniger in meiner eigenen Verantwortung lag.

Während der nächsten zehn Jahre, von 1925 bis 1935, habe ich dann gleichzeitig in vielen Bereichen gearbeitet. Wieder einmal lebte ich ein Doppelleben: Die eine, nicht ganz rühmliche Seite betraf meine Leidenschaft für Motorräder. Ich fuhr eine große Zweizylinder-Brough-Superior, Bernhard Hellmann und meine Frau jeweils eine 0,5-Liter-Triumph mit obenliegenden Ventilen, und gemeinsam mit unserem Freund Willy Reif fuhren wir während der Sommerferien in ganz Europa herum, in die Bretagne, in die Schweiz und nach Italien. Ich fuhr recht gut und nahm die Einladung der British Leyland Company an, mich mit einer Werksmaschine an Straßenrennen zu beteiligen. Das war natürlich ein toller Sport, aber nach einem ernsten Unfall, bei dem ich mich glücklicherweise nicht ernstlich verletzt hatte, verbot mir meine Frau, weiterhin an Rennen teilzunehmen mit der Begründung, es gäbe lohnendere Formen des Selbstmords.

Gemeinsam mit meinem Freund Gustav Schmeidl kaufte ich ein Walfangboot, ursprünglich ein Beiboot des österreichischen Schlachtschiffs *Viribus Unitis*, welches bei Kriegsende versenkt worden war und seitdem im Hafen von Pola auf Grund lag. In den gut erhaltenen Rumpf bauten wir einen uralten Mercedes-Motor mit 13 Liter Hubraum ein, und mit diesem romantischen Gefährt fuhren wir auf der Donau herum. Dazu hatte ich das Kapitänspatent für Dampfschiffe erwerben müssen, denn damals gab es noch keinen Führerschein für Motorboote auf der Donau; die erforderliche Prüfung war wirklich nicht die leichteste, die ich in meinem Leben abzulegen hatte. Unsere weiteste »Seereise«, mit meiner Frau und deren Bruder als Mannschaft, ging nach Budapest, wobei die Rückreise stromaufwärts um einiges länger dauerte.

All diese nicht so lobenswerten Tätigkeiten behinderten jedoch nicht meinen wissenschaftlichen Fleiß. Ich veröffentlichte neun Arbeiten und trug eine davon, »A Contribution to the Comparative Sociology of Colonial-Nesting Birds«, 1934 beim 8. Internationalen Ornithologenkongreß in Oxford vor. In Altenberg konzentrierte ich mich auf die Haltung und Beobachtung sozialer Tierarten: Im Dach unseres Hauses hatte ich eine Dohlenkolonie gegründet, in den alten, hohen Bäumen unseres Gartens war eine Nachtreiherkolonie entstanden. Gleichzeitig kam ich meinen Verpflichtungen als Assistent am Anatomischen Institut nach. Ich studierte Zoologie und erhielt mein zweites Doktorat. Ich heiratete. Und ich studierte Psychologie am Institut von Karl Bühler, wo mir klar wurde, wie wichtig Bühlers Theorie der Wahrnehmung für meine zukünftige Epistemologie war.

Auch Egon Brunswik, der damals Bühlers Assistent war und eben sein Buch »Wahrnehmung und Gegenstandswelt: Grundlegung einer Psychologie vom Gegenstand her« veröffentlicht hatte, hat mich tief beeindruckt. Was ich von Bühler und Brunswik über die Funktion der Wahrnehmung gelernt habe, bildete die Grundlage für die Entwicklung meiner Ansichten über die Epistemologie meines vormaligen Fachkollegen Immanuel Kant. (Es war ein unglaublicher Zufall, daß mir wenige Jahre später, 1940, das Schicksal zuteil wurde, in Königsberg auf dem nämlichen Lehrstuhl zu sitzen, den lange vor mir der größte Philosoph aller Zeiten innegehabt hatte. Aber das kommt später.)

Mein Leben lang war mir die Glücksgöttin hold. Ich hatte eine ganze Reihe hervorragender Lehrer, angefangen mit Resi Führinger, dann mein ausgezeichneter Biologielehrer Pater Philipp Heberdey, OSB, der mir alles über Darwin und die natürliche Auslese beibrachte, dann Ferdinand Hochstetter, der mir gezeigt hat, wie man den Weg der Stammesgeschichte aus Ähnlichkeiten und Unterschieden heute lebender Lebewesen rekonstruiert, und schließlich Karl Bühler und Egon Brunswik, die mein Interesse an der Epistemologie geweckt haben.

Nun beschloß ich, Immanuel Kant doch von Grund auf zu lesen, was gar nicht so leicht ist. Durch einen glücklichen Zufall stieß ich auf die »Prolegomena« zur »Kritik der reinen Vernunft«, und ich hatte diese eben durchgearbeitet, als die Glücksgöttin abermals eingriff. Die Ereignisse folgten

Schlag auf Schlag: Ich hatte mich an der Universität Wien um eine Dozentur für Tierpsychologie beworben, aber ein Professor erhob Einspruch dagegen, weil Tiere doch keine Seele haben, und ein anderer bemängelte, daß ich bereits an einer Fakultät eine Assistentenstelle hätte, aber an einer anderen lehren wollte (Anatomie gehörte zur medizinischen, Psychologie zur philosophischen Fakultät). Da gab ich meine Assistentenstelle am Anatomischen Institut auf und verschmerzte es, mein Gehalt zu verlieren und auf die Einkünfte meiner Frau angewiesen zu sein, die damals bereits eine Abteilung in einer Wiener Frauenklinik leitete. Ich bin ihr sehr dankbar für ihre Zustimmung, daß ich dem Anatomischen Institut den Rücken kehrte, nachdem dessen neuer Vorstand auch wenig Verständnis für meine zoologischen Arbeiten zeigte. (Ich wurde oft gefragt, wie meine Frau es aushalten konnte mit all den Vögeln und anderen Tieren wie Raben, Kakadus, Lemuren, Kapuzineraffen, um nur einige zu nennen, die frei im Haus und um unser Haus in Altenberg herumliefen und herumflogen. Ihre Antwort war gewöhnlich, daß sie das nicht gestört hätte, weil sie nur selten daheim war, sondern im Spital Nachtdienst machte, damit die Altenberger Menagerie gefüttert werden konnte ...)

Den Höhepunkt dieser lehrreichen Jahre erreichte ich, als ich 1936 eingeladen wurde, im Harnack-Haus\* in Berlin einen Vortrag über den Instinktbegriff zu halten und wenig später über das gleiche Thema bei einem Kongreß mit dem Thema »Instinctuus«, der von Professor van der Claauw nach Leiden einberufen worden war. Bei beiden Anlässen belegte ich anhand vieler Beispiele die Tatsache, die vor mir schon von Whitman und Heinroth entdeckt worden war, daß sich nämlich beim Vergleich von Art zu Art, von Gat-

---

\* Als internationale wissenschaftliche Begegnungsstätte der Kaiser-Wilhelm-Gesellschaft 1929 eröffnet; 1945 bis 1994 Offizierskasino der U.S. Army; heute von der Max-Planck-Gesellschaft geführt.

tung zu Gattung und selbst zwischen höheren taxonomischen Einheiten Ähnlichkeiten und Unterschiede von Bewegungsmustern zeigen, die mit der gleichen Starrheit beibehalten werden, wie das von morphologischen Merkmalen längst bekannt ist. Mit anderen Worten: Diese Muster sind genauso verläßliche Merkmale einer einzelnen Tiergruppe wie die Bildung von Zähnen oder Federn und ähnliche bewährte Unterscheidungsmerkmale der vergleichenden Morphologie. Es gibt für diese Tatsache nur eine Erklärung, daß nämlich solche Ähnlichkeiten und Unterschiede der koordinierten Bewegungsmuster auf einen gemeinsamen Ursprung in einem Vorfahren zurückgehen, der bereits diese Bewegung in einer Urform ausführen konnte. Kurz: Das Konzept der Homologie kann auf Bewegungsweisen angewendet werden.

Weder Whitman noch Heinroth haben sich zu den physiologischen Grundlagen der von ihnen entdeckten homologen Bewegungsmuster geäußert. Meine eigenen Kenntnisse der Physiologie des Zentralnervensystems stammten aus Lehrbüchern und Vorlesungen, in welchen Sherringtons Reflextheorie als das letzte Wort, als die unbezweifelbare Wahrheit galt.

Ich widerlegte in meinem Vortrag die aus der Zweckpsychologie von McDougall und Tolman abgeleitete Meinung, daß »Instinkt« als übernatürlicher Faktor alles tierische Verhalten zu seinem Ziel lenkt, ebenso wie die behavioristische Lehrmeinung, daß alles Verhalten von der Umwelt geformt wird. Ich konnte klarstellen, daß das Tier sehr wohl imstande ist, durch zweckgerichtetes und variables Verhalten ein Ziel anzustreben, daß dieses Ziel jedoch nicht, wie die Zweckpsychologen meinten, mit dem teleonomischen Sinn des Verhaltens gleichgesetzt werden darf. Der vom Tier als Subjekt angestrebte Zweck besteht einfach im Streben nach dem Ablaufen-Lassen, nach der Entladung jener Art von angeborenem Verhalten, welches Wallace Craig 1918 als

»consummatory action« bezeichnete und das wir heute »triebbefriedigende Endhandlung« nennen. Soweit entsprechen meine damaligen Ausführungen auch dem, was ich heute glaube.

Was ich jedoch über die physiologische Natur der Instinktbewegungen sagte, war von doktrinären Vorurteilen beeinflußt. Die Zweckpsychologen, an ihrer Spitze McDougall, hatten immer schon gegen die Reflextheorie der Behavioristen angekämpft und, ganz richtig, die Spontaneität tierischen Verhaltens betont. »The healthy animal is up and doing« (Das gesunde Tier ist munter und tut was), schrieb McDougall. Damals kannte ich schon die Arbeiten von Craig und war aus eigenen Beobachtungen mit den Erscheinungen des Appetenzverhaltens und der Schwellenerniedrigung auslösender Reize vertraut. Ich hätte mich daher an einen bestimmten Satz in einem Brief, den Craig mir kurz vorher geschrieben hatte, erinnern sollen, in dem er sich gegen den Reflexbegriff gewandt hatte: »It is obviously nonsense to speak of a re-action to a stimulus not yet received« (Es ist offensichtlich ein Unsinn, von einer Re-Aktion auf einen Reiz zu sprechen, der noch gar nicht empfangen wurde).

Schon damals wäre es naheliegend gewesen, die folgende Frage zu stellen. Da angeborene Verhaltensweisen mit höheren Verstandesleistungen offenbar nichts zu tun haben, an zentralnervöse Vorgänge gebunden sind, die weitgehend unabhängig von Außenreizen ablaufen und dazu neigen, sich rhythmisch zu wiederholen: Kennen wir irgendwelche andere physiologische Vorgänge, die sich ähnlich verhalten? Die naheliegende Antwort hätte gelautet: Solche Bewegungsweisen sind sehr wohl bekannt, zum Beispiel des Wirbeltierherzens, dessen Reizerzeugungsorgane anatomisch bekannt und physiologisch gründlich untersucht sind.

Diese Unabhängigkeit des Denkens und die Selbstsicherheit, diese Frage zu stellen, hatte ich leider nicht. Meine gerechtfertigte Abneigung gegen die außernatürlichen und unerklärbaren Faktoren, die von den Vitalisten zur Erklärung spontanen Verhaltens herangezogen wurden, war so tief, daß ich in den gegenteiligen Irrtum verfiel. Ich meinte, es wäre eine Konzession gegenüber der vitalistischen Zweckpsychologie, vom herkömmlichen mechanistischen Reflexbegriff abzugehen – ein Zugeständnis, das ich nicht machen wollte. In jenem Vortrag sprach ich über die Komplexität der Instinktbewegung und betonte besonders jene Eigenschaften und Fähigkeiten, welche *nicht* von der Kettenreflextheorie eingeordnet werden können. In meiner Zusammenfassung kam ich jedoch zu dem Schluß, daß Instinktbewegungen auf einer Verkettung unbedingter Reflexe beruhen, obwohl die genannten Erscheinungen des Appetenzverhaltens, der Schwellenerniedrigung und der Leerlaufaktivität einer Erklärung durch eine Zusatzhypothese bedürften.

Neben meiner Frau, die in der hintersten Reihe des Hörsaals zuhörte, saß ein junger Mann, der dem Vortrag gespannt lauschte und bei meinen Ausführungen über Spontaneität immer wieder murmelte: »Menschenskind, es stimmt, es stimmt!« Als ich jedoch bei der Zusammenfassung ankam, verhüllte er sein Haupt und stöhnte: »Idiot.« Dieser Mann war Erich von Holst. Nach meinem Vortrag lernten wir uns im Restaurant des Harnack-Hauses kennen, und er brauchte etwa zehn Minuten, um mich für immer von der Unsinnigkeit der Reflextheorie zu überzeugen. Wenn man nämlich annimmt, daß die physiologische Basis der Instinktbewegungen die von Erich von Holst entdeckten Prozesse der internen Reizproduktion und der zentralnervösen Koordination von Impulsen sind und nicht eine Verkettung von Reflexen, dann können jene Erscheinungen, die von der Reflextheorie nicht eingeordnet werden konnten, wie zum Beispiel Schwellenerniedrigung und Leerlaufaktivität, nicht nur einfach erklärt werden, sondern sie werden zu Leistungen, welche auf Grund der neuen Theorie zu fordern sind.

Eine wichtige Konsequenz dieser neuen physiologischen Theorie der Instinktbewegung war die Notwendigkeit, jene Einheit weiter zu analysieren, die Heinroth und ich als *art-eigene Triebhandlung* bezeichnet und die wir als die elementare Einheit des Verhaltens angesehen hatten. Der physiologische Mechanismus, der selektiv auf die adäquate Reizkonfiguration anspricht, ist offensichtlich nicht derselbe, der die Bewegungsweise koordiniert. Solange das gesamte System als Kettenreflex angesehen wurde, gab es keinen Grund, das erste Glied der Kette, welches den Prozeß in Gang setzt, vom Rest der Kette begrifflich abzugrenzen. Sobald man jedoch erkannt hatte, daß die Instinktbewegung von einem endogenen Impuls verursacht und koordiniert wurde, der von einer übergeordneten Instanz unter Kontrolle gehalten wird, wurde der Auslösemechanismus der Instinktbewegung ein eigenständiges Element. Solche Auslösemechanismen reagieren selektiv auf ganz bestimmte Reize in der Umwelt und dienen gewissermaßen als »Filter« im afferenten Schenkel der Instinktbewegung.

Diese Aufgliederung des Konzepts der »arteigenen Triebhandlung« in seine Bestandteile war ein wichtiger Schritt in der Entwicklung der Ethologie, den ich gemeinsam mit Niko Tinbergen getan habe. Es war während des schon erwähnten Kongresses, den Professor van der Claauw 1936 nach Leiden einberufen hatte, als wir eine Nacht lang über diesen Problemkreis diskutierten und uns gemeinsam das Konzept des angeborenen auslösenden Mechanismus (AAM) ausdachten, wobei es nicht mehr möglich ist festzustellen, wer von uns beiden den entscheidenden Gedankenblitz hatte.* Die weitere Ausarbeitung, Verfeinerung und Erforschung der physiologischen Eigenschaften, ebenso wie

---

* Hier ist anzumerken, daß Lorenz 1935 das Konzept des »angeborenen Schemas« erfunden und diskutiert hatte, das als Vorläufer des AAM-Konzeptes gilt (vgl. Schleidt 1962).

deren funktionelle Grenzen ergaben sich alle aus Tinbergens Versuchen.*

Im darauffolgenden Frühjahr 1937 kam Niko Tinbergen mit seiner Familie nach Altenberg, um unsere Gespräche über Instinktbewegungen und angeborene Auslösemechanismen fortzusetzen, und so entstand eine Freundschaft fürs Leben. Wenn wir nicht diskutierten, gruben wir einen Teich im untersten Teil unseres Altenberger Gartens, denn ich hatte eben damit begonnen, meine ersten Graugänse zu halten und genauer zu beobachten. Außerdem hielt ich damals in Wien zweimal pro Woche einen Vorlesung, und Niko kam mit und hörte mir zu. Eines schönen Tages, als wir mit der Teichgräberei schon beinahe fertig waren, weigerte sich Tinbergen, mich zur Vorlesung zu begleiten, denn er wollte einen besonders schwierigen Teil des Wasserzuflusses fertiggraben. Worüber ich sprechen würde, das wußte er ohnehin schon. Gerade an diesem Tag sprach mich ein ziemlich arroganter, etwas älterer Kollege an und fragte in herablassendem Ton: »Ich höre, Herr Doktor Tinbergen arbeitet auf Ihrer Versuchsstation. Woran arbeitet er denn eigentlich?« Als ich ganz ehrlich antwortete, daß er in diesem Augenblick wohl am Zufluß meines Teiches arbeitete, dachte der andere, ich wolle ihn lächerlich machen, und wendete sich beleidigt ab.

In meiner Erinnerung ist dieser Sommer mit Niko Tinbergen der schönste Sommer meines Lebens. Unsere Wissenschaft war Spiel, wie Friedrich Schiller sagt: »Denn, um es endlich auf einmal herauszusagen, der Mensch spielt nur, wo er in voller Bedeutung des Wortes Mensch ist und er ist nur da ganz Mensch, wo er spielt.« Niko und ich waren ein perfektes Team. Ich fühle mich, wie schon gesagt, als Amateur und Di-

---

* Diese Aussage kann sich wohl nur auf den Stand der Forschung der späten dreißiger Jahre beziehen (vgl. z. B. Schleidt 1961 und Kuenzer 1968).

lettant und beobachte lieber, als zu experimentieren.* Niko ist dagegen der Meister des unaufdringlichen Experiments, der Fragen an das Versuchstier stellen kann, ohne es zu belästigen, und so die interessantesten Antworten bekommt. Unsere Versuche mit brütenden Graugänsen, die Analyse der Eirollbewegung, die wir gemeinsam veröffentlichten (Lorenz und Tinbergen 1938), wurden ein klassisches Beispiel ethologischer Forschung.

Als Niko Tinbergen im Herbst 1937 abgereist war, vermißte ich ihn sehr. Aber das Leben und die Arbeit gingen in der gewohnten Weise weiter: Meine Frau verdiente unseren Lebensunterhalt, und ich setzte meine Beobachtungen fort, und so blieb es bis zum Beginn des Zweiten Weltkriegs.**

Im August 1940 bekam ich den Ruf auf den zweiten Lehrstuhl für Philosophie an der Universität Königsberg. Diese überraschende Berufung war dadurch zustande gekommen, daß Erich von Holst in einem Streichquartett die Bratsche spielte, in dem Eduard Baumgarten die erste Geige spielte. Baumgarten war damals Professor für Philosophie an der University of Wisconsin, Madison, und hatte eben den Ruf auf den ersten Lehrstuhl für Philosophie an der Universität Königsberg erhalten. Baumgarten war, als Schüler von John Dewey, ein überzeugter Verfechter des »American pragmatism« und hegte gewisse Bedenken, sich im Schatten des großen Immanuel Kant niederzulassen. Als während eines ihrer Quartett-Abende wieder einmal Königsberg zur Sprache kam, fragte er von Holst: »Kennen Sie zufällig einen

---

* Wenn es um das Wohlbefinden seiner Pfleglinge ging, war Lorenz ein hervorragender Experimentator.
** Hinter dieser resignierten Feststellung verbirgt sich die Tatsache, daß die wirtschaftliche Lage in Österreich unglaublich schlecht und hoffnungslos war und auch der »Anschluß« an das Deutsche Reich 1938 keineswegs die erhofften Verbesserungen brachte. Der Ruf nach Königsberg kam erst im August 1940 (siehe Epilog, S. 106ff.).

Psychologen, der etwas von Biologie versteht, insbesondere von Evolution, der sich für Epistemologie interessiert, speziell für das, was Kant das *a priori* genannt hat?« Darauf antwortete von Holst, daß er rein zufällig solch einen seltenen Vogel bei der Hand habe, nämlich mich. Von Holst und Baumgarten* wandten sich nun an den Zoologen Otto Koehler und den Botaniker Kurt Mothes, und diese beiden veranlaßten die philosophische Fakultät von Königsberg, mir den Lehrstuhl für Psychologie anzubieten.

Ich glaube nicht, daß ich abergläubisch bin, aber diese Verquickung von unglaublich unwahrscheinlichen Zufällen als verursachenden Faktoren erschien mir wie ein Fingerzeig Gottes – und ich nahm den Ruf sofort an. Als »Professor für Psychologie« war meine biologische Ausbildung für die Geisteswissenschaftler in der philosophischen Fakultät ein Dorn im Auge und sorgte für heftige Diskussionen. Interessanterweise war es der Anglist und vergleichende Sprachforscher Professor Héraucourt, der auf die Ähnlichkeit unserer Methode hinwies, daß nämlich die »vergleichende Methode«, die ich bei Ferdinand Hochstetter gelernt hatte, identisch war mit jener, welche die Linguisten benutzen, um die historische Entwicklung von Sprachen zu erforschen. Andere Kollegen stellten alles in Frage, was ich sagte, und behaupteten, daß mit meiner Berufung auf den erhabenen Lehrstuhl von Kant die Philosophie nicht nur vor die Hunde gehen, sondern noch tiefer sinken würde, nämlich in Gefahr wäre, vor die Fische zu gehen. Diese unfreundliche Spitze bezog sich auf die vielen Aquarien, die ich in meinem neuen Institut aufgestellt hatte. Als Lehrstuhlinhaber wurde ich automatisch Mitglied der Königsberger Kant-Gesellschaft, die

---

* »Die Geschichte des Selbstbewußtseins des Menschen kann heute nur noch entworfen werden Hand in Hand mit dem Entwurf der Naturgeschichte des Menschen.« Baumgartens Denkschrift an Dekan Ziesemer vom 18. 9. 1940, von diesem »befürwortet«!

sich wöchentlich am Montagabend traf, und so wurde ich bald dazu verleitet, meine noch ziemlich unreifen Ansichten über Epistemologie zu verkünden.

Ich glaube, daß neue und wichtige Ideen im Unbewußten entstehen und wachsen – nicht im Geiste eines einzelnen, sondern gleichzeitig in der Vorstellung vieler Denker. Manche Ideen sind, unreflektiert und unbewußt, zu einer gegebenen Zeit bereits weit verbreitet und brechen plötzlich als Offenbarung in der Vorstellung eines einzelnen hervor, der sich dann selber für den Erfinder hält und von anderen für denjenigen gehalten wird, der den großartigen Durchbruch erzielt hat. In Wirklichkeit – und da steckt das Problem – bricht diese Idee ganz von selbst hervor, wenn sie reif ist, und es ist nicht nur *ein* Mensch, dem das plötzlich einleuchtet, sondern ziemlich oft mehrere gleichzeitig. Wallace und Darwin sind das klassische Beispiel.

Für jeden mit den Tatsachen der Evolution vertrauten Menschen ist es selbstverständlich, daß das »innere Gefüge« unseres Körpers – nämlich unsere Sinnesorgane ebenso wie unser Zentralnervensystem – etwas »Wirkliches« ist und in einer Auseinandersetzung mit und Anpassung an die äußere Wirklichkeit, die uns umgibt, entstanden ist. Eben dieses »innere Gefüge« ermöglicht es uns, unsere Umwelt, unsere »Außenwelt« wahrzunehmen. Ich behaupte nun, daß viele biologisch gebildete Forscher die gleiche epistemologische Einstellung haben, selbst wenn sie an Epistemologie völlig uninteressiert sind und niemals über das Problem des Kantschen *a priori* nachgedacht haben. Kants Frage, wie man erklären kann, daß unsere apriorischen Kategorien des Denkens und der Vorstellung so gut zu unserer Außenwelt passen, findet in der Evolution eine leichte, wenn nicht sogar banale Antwort.

Für Kant waren diese Kategorien von Denken und Vorstellung sogar *a priori* in dem Sinne, daß sie noch *vor* jeglicher Erfahrung existierten und die Voraussetzung bildeten, welche Erfahrung erst möglich macht. Und »das Ding an sich« ist grundsätzlich unerkennbar. Ich konnte niemals verstehen, wie dies mit seiner Feststellung vereinbar war, daß unsere Kategorien des Denkens und der Vorstellung dazu geeignet sind, Erfahrung zu ermöglichen. Ich glaube, meine eigene Einsicht in dieses Problem verdanke ich dem Musterbeispiel von meinem alten, unzureichenden Mikroskop, das alle Objekte, die man damit sehen konnte, mit wunderschönen regenbogenfarbigen Rändern »verschönerte«. So wurde mir klar, daß Objektivität nur möglich ist, wenn man den Apparat, mit dem man seine Welt betrachtet, sehr gut kennt. Wenn man das versäumt, dann ist der Fehler unvermeidlich, etwas für eine Eigenschaft eines Objekts zu halten, das in Wirklichkeit durch eine Unzulänglichkeit des Instruments verursacht wird, durch welches wir das Objekt betrachten.

Ich habe niemals geglaubt, daß mikroskopisch kleine Tiere regenbogenfarbige Ränder haben, aber der große Dichter und Philosoph Johann Wolfgang von Goethe hat genau den entsprechenden Fehler gemacht, als er Farbigkeit nicht für das Ergebnis unseres Wahrnehmungsapparats hielt, sondern für eine physikalische Eigenschaft des Lichtes. Was ich von Egon Brunswik über Farbkonstanz gelernt hatte, hat mir beim Verstehen dieser Probleme ganz wesentlich geholfen.

Dank des Unterrichts bei Karl Bühler war mir schon in jungen Jahren völlig klar geworden, daß unser Wissen über einen Gegenstand das Ergebnis einer Wechselbeziehung zwischen dem inneren Gefüge des Betrachters und einem Gegenstand in der Außenwelt ist und daß beide in gleicher Weise wirklich sind. Ich bin überzeugt davon, daß diese grundlegende Wahrheit das feste Fundament allen Strebens nach Objektivität in der Forschung ist. P. W. Bridgeman sagte schon 1958: »The object of knowledge and the instrument of knowledge cannot legitimately be separated but must be taken together as a whole.« Objektivität kann nicht durch das Ausklammern subjektiver Erfahrungen erreicht werden, wie die Behavioristen glauben, sondern durch die sorgfältige Erforschung von dem, was Bridgeman »the instrument of knowledge« genannt hat, was bei Karl Popper »the perceiving apparatus« heißt und was ich die Weltbildapparatur* genannt habe.

Popper schreibt in seiner »Logik der Forschung« mit bemerkenswerter Selbstverständlichkeit: »*Das Ding an sich ist unerkennbar:* wir können nur seine Erscheinungen erkennen, die (wie Kant zeigte) als Resultanten aus dem Ding an sich und unserem Perzeptionsapparat zu verstehen sind. Die Erscheinungen sind das Ergebnis einer Art von Wechselwirkung zwischen den Dingen an sich und uns.«** Popper scheint nicht gemerkt zu haben, daß Kant – und auch einige Neo-Kantianer – diese Schlußfolgerung wütend zurückweisen würden. Denn gemäß Kants transzendentalem Idealismus gibt es keine Korrespondenz zwischen dem Ding an sich und der Art, in der es unserer *a priorischen* Vorstellung erscheint. Für Kant ist nämlich das, was wir erfahren, niemals ein Abbild der Wirklichkeit, nicht einmal ein grob vereinfachtes oder verzerrtes. Er erkannte, daß unsere Anschauungsformen durch die vorhandenen Strukturen in uns selbst bedingt sind und nicht durch jene des erfaßten Gegenstands. Er sah jedoch offensichtlich nicht, daß die Strukturen unseres Wahrnehmungsapparats etwas mit der Realität zu tun haben. Kant sagt in § 11 der »Prolegomena«***:

»Wollte man im mindesten daran zweifeln, daß beide gar keine den Dingen an sich selbst, sondern nur bloße ihrem

---

* »Weltbildapparat« schon in Lorenz 1943.

** Popper 1973, S. 408. Dieses Zitat stammt nicht aus dem Original von 1934, sondern aus dem »Neuen Anhang«, der anscheinend erst für die zweite deutsche Auflage, 1963, formuliert worden ist.

*** »Prolegomena zu einer jeden künftigen Metaphysik, die als Wissenschaft wird auftreten können« (von 1783).

Verhältnisse zur Sinnlichkeit anhängende Bestimmungen sind, so möchte ich gern wissen, wie man es möglich finden kann, *a priori* und also vor aller Bekanntschaft mit den Dingen, ehe sie nämlich uns gegeben sind, zu wissen, wie ihre Anschauung beschaffen sein müsse, welches doch hier der Fall mit Raum und Zeit ist.«

(Kant 1920/1940, S. 36)

Kant war offensichtlich davon überzeugt, daß eine Antwort auf diese Frage in den Begriffen der Naturwissenschaft prinzipiell unmöglich sei. Zu Recht brachte er vor, daß unsere Formen der Ideenbildung und unsere Denkkategorien nicht das Ergebnis individueller Erfahrung seien, wie das Hume und andere Empiristen glaubten. Er fand eindeutige Beweise dafür, daß sie nicht individuell durch Lernen erworben werden.

Besonders wichtig ist die Frage, was Kant über das *a priori* gedacht hätte, wenn er mit den Tatsachen der Evolution vertraut gewesen wäre. Ich behaupte, er hätte ohne jeden Vorbehalt die Sichtweise übernommen, die von der sogenannten evolutionären Erkenntnistheorie vertreten wird. Karl Poppers oben angeführte Aussagen stellen unsere Ansichten in knapper Form dar, und Donald T. Campbell hat in seinem Aufsatz »Evolutionary Epistemology«* überzeugend dargelegt, warum und wie es für ein Verständnis unseres kognitiven Apparates erforderlich ist, daß wir seine phylogenetische Entwicklung kennen. Dieser Ansatz hat auch die Billigung keines Geringeren als Max Planck erfahren, der mir schrieb, es hätte ihm »tiefe Befriedigung verschafft, daß ich angesichts der so unterschiedlichen Prämissen, von denen ich ausging, zur selben Ansicht über die Beziehung zwischen der phänomenalen und der realen Welt gelangt war, wie er das getan hat«.

---

* Campbell 1974.

Nach meiner Ansicht ist die evolutionäre Erkenntnistheorie von höchster Bedeutung für unsere Sicht des Menschen und seine Beziehung zur übrigen Schöpfung. Ich möchte mich jedoch nicht rühmen, dazu sehr viel beigetragen zu haben. Die Zeit für die Anerkennung dieser erkenntnistheoretischen Entdeckungen war in jenen Tagen einfach reif, und ich habe keinen Zweifel, daß neben Max Planck, Karl Popper, Donald Campbell, Rupert Riedl und mir viele andere Denker unabhängig voneinander zu denselben Ergebnissen gekommen sind. Daß ich sie als erster in Worte gefaßt habe, lag an meinem kontroversen Standpunkt innerhalb der Lehre Kants. Ich war (auf seinem Lehrstuhl) einer Kritik ausgesetzt, die mich einfach zum Gegenangriff zwang.

Da ich zu jener Zeit erst sehr wenig über Kants Werk wußte, war dieser Gegenangriff eine ungewisse Angelegenheit. Was Kants Lehre anging, stützte ich mich vor allem auf die Äußerungen und insbesondere auf die Briefe meiner Widersacher. Großen Dank schulde ich dem Physiologen H. H. Weber und Annemarie Koehler, der ersten Frau meines Lehrers und Freundes Otto Koehler. Häufig verwendete ich die Formel *hic dicat quispiam* (ein Kantianer würde hier sagen), worauf ich wörtlich anführte, was ursprünglich Weber oder Frau Koehler gesagt hatten. So kam mein Aufsatz »Kants Lehre vom Apriorischen im Lichte der gegenwärtigen Biologie« zustande.[*] Diese wagemutige, ja tollkühne Attacke auf den transzendentalen Idealismus erschien erst, nachdem ich meine Verpflichtung gegenüber meinem Lehrer Heinroth eingelöst und eine ausführliche Arbeit mit dem Titel »Vergleichende Bewegungsstudien an Anatiden« fertiggestellt hatte.[**] Beide Aufsätze wurden erst veröffentlicht, nachdem ich bereits zur Wehrmacht einberufen worden war.

---

[*] Lorenz 1941a.
[**] Lorenz 1941b.

Ich wurde als Kradmelder einer motorisierten Einheit zugeteilt.* Die normalerweise so unangenehmen ersten Tage als Rekrut wurden mir nach meiner Vorführung als Motorradakrobat erleichtert. Der diensthabende Unteroffizier zeigte mir eine in Norton-Lizenz gebaute 600er NSU mit einem riesigen Beiwagen und fragte mich, ob ich vor dieser Maschine Angst hätte. Ich verneinte, stieg auf und drehte eine Runde auf zwei Rädern durch den Hof, wobei ich den Beiwagen hoch in der Luft balancierte, was nicht leicht war, weil er die Kurve auf der Außenseite nahm. Vor dem Unteroffizier ließ ich ihn auf den Boden zurückkrachen und blieb in Hab-Acht-Stellung sitzen. Er kommandierte mich sofort als Motorrad-Fahrlehrer ab und stiefelte davon. So blieb mir einiger Drill erspart. Anderen etwas beizubringen, was auch immer es sei, ist eine erfreuliche Aufgabe.

Es dauerte aber nicht lange, bis die militärischen Vorgesetzten herausfanden, daß ich Professor der Psychologie gewesen war. Mein Auftritt bei der Heerespsychologie in Posen, wo ich vor allem psychologische Routinetests für Offiziersanwärter durchführte, war nach drei Monaten schon wieder vorbei, weil Göring die Institution der Militärpsychologie abschaffte. Er hatte herausgefunden, daß man Werner Mölders, einen der erfolgreichsten Kampfflieger des Zweiten Weltkrieges, bei dessen Einberufung auf Grund psychologischer Tests als hoffnungslos ungeeignet bezeichnet hatte, Pilot zu werden.

Während meiner Tätigkeit als Psychologe hatte ich Dr. Herbert Weigel kennengelernt, der im Reservelazarett I in Posen für die Abteilung Neurologie und Psychiatrie verantwortlich war. Er wollte mich für seine Abteilung haben, was jedoch unmöglich schien, weil Posen zum Wehrkreis XXI gehörte, während ich im Wehrkreis Königsberg eingezogen

---

* Lorenz hatte sein Medizinstudium verheimlicht und als »besondere Fähigkeiten« Motorradfahren angegeben.

worden war (dessen Nummer mir entfallen ist). Weigel bat um meine Versetzung an die Psychologische Abteilung in Posen, die wegen Görings Eingreifen gar nicht mehr existierte. Wie Weigel vorhergesehen hatte, wußten jedoch die zuständigen höheren Stellen noch nichts davon, und so wurde ich ordnungsgemäß in den Wehrkreis XXI überstellt. Unmittelbar nach meiner Versetzung konnte ich von Dr. Weigel angefordert werden, da es gegen die Vorschriften verstieß, wenn medizinisches Personal für andere Arten von Dienst verwendet wurde. Man gliederte mich in die Abteilung für Neurologie und Psychiatrie ein, was ein weiterer Glücksfall war. Nichts ist demütigender, als vorgeben zu müssen, Experte auf einem Gebiet zu sein, von dem man zu wenig versteht – und ich wußte definitiv zu wenig von Medizin, als daß ich die Pflichten eines Arztes hätte erfüllen können. Dagegen glaubte ich, den speziellen Anforderungen von Neurologie und Psychiatrie durchaus gewachsen zu sein, da ich genug von der Anatomie und Physiologie des zentralen Nervensystems verstand. Außerdem hatte ich mir in Seminaren, die der Psychiater Pötzl und der Psychologe Bühler in Wien gemeinsam abgehalten hatten, auch eine gewisse Ahnung von der Psychiatrie erworben.

Weigel war ein guter Lehrer und einer der wenigen deutschen Psychiater, die offen zugaben, daß sie die Freudsche Psychoanalyse ernst nahmen. Während meiner zweijährigen Tätigkeit in Posen hatte ich vor allem mit der Behandlung von Neurosen zu tun, in erster Linie Hysterie und Zwangsneurosen. Viel später sollte diese Schulung sich als bedeutsam für mich erweisen, als ich erkannte, in welchem Ausmaß Neurosen zur Epidemie geworden sind und die Menschheit insgesamt bedrohen.

Im März 1944 wurde ich zur »Frontbewährung« in ein Lazarett in Witebsk abkommandiert, das vom Tag meiner Ankunft an von der russischen Armee eingekesselt war und belagert wurde. Während der etwa drei Monate bis zu meiner

Gefangennahme versorgte ich Verwundete, teils auf dem Truppenverbandplatz gleich hinter der Front und teils auf dem Hauptverbandplatz in Witebsk. Den chirurgischen Anforderungen war ich zu meiner Erleichterung durchaus gewachsen. In der völligen Auflösung und dem Chaos am Ende der Belagerung im Juni 1944 sah ich mich ganz unfreiwillig als Befehlshaber einer kleinen Truppe, vorwiegend aus Unteroffizieren, die nicht der allgemeinen Panik verfallen waren. Nach zwei Tagen privaten Feldzugs kamen wir alle in Gefangenschaft. Ich wurde von einem russischen Offizier verhört, der einigermaßen Deutsch sprach. Als er herausfand, daß ich Universitätsprofessor war, setzte er zu einer langen Propagandarede an und erklärte mir, in Rußland würde man die Wissenschaft viel zu ernst nehmen, als daß man Universitätsprofessoren wegholen und an die Front schicken würde. »Aber«, so schloß er, »*inter arma silent muse*, verstehen Sie?« Ich verstand, was ihn sehr zu beeindrucken schien, während ich meinerseits einen völlig falschen Eindruck von der Gelehrsamkeit in der russischen Armee erhielt. Tatsächlich traf ich nie wieder einen Russen, nicht einmal unter Ärzten, der so viel Latein beherrschte wie dieser Major.

Meine Ernennung zum Arzt für Kriegsgefangene war insofern zufriedenstellend, als ich tatsächlich einige Leben retten konnte. Man gab mir – natürlich unter der Oberaufsicht russischer Ärzte, vor allem von Frauen – die Verantwortung für ein neurologisches Krankenhaus in Chalturin, belegt mit mehr als 600 Patienten. Alle litten an einer Erkrankung, die deutschen Militärärzten als *Feldpolyneuritis* bekannt war. Sie äußert sich als Entzündung der vorderen Spinalnervenwurzeln einschließlich der zugehörigen Ganglien und entsteht durch das Zusammenwirken von Kälte, Überanstrengung und Mangel an Vitamin C. Symptomatisch ist das Fehlen aller Sehnenreflexe und in späteren Stadien die Lähmung der gestreiften Muskulatur. Im schlimmsten Stadium stirbt der Betroffene an einer Lähmung der Atemmuskulatur.

Die Russen kannten diese Krankheit nicht, und die für das Hospital zuständigen Ärzte glaubten alle, die Patienten litten an einer epidemisch auftretenden Diphtherie, die ebenfalls zu ausbleibenden Sehnenreflexen führt. Die Behandlung ist sehr einfach: Man hält den Patienten ruhig und warm und verabreicht große Dosen Vitamin C. Letzteres wie auch zusätzliche Decken waren verfügbar, und mit dieser simplen Methode gelang mir, was den Russen als Wunderkur vorkam, abgesehen von zwei Gefangenen, die in den ersten Tagen nach meiner Ankunft einen schrecklichen Erstickungstod starben. Mit der eisernen Lunge wären sie zu retten gewesen, doch die gab es natürlich nicht.

Aus Chalturin ist noch eine weitere Geschichte erzählenswert. Das Krankenhaus erhielt oft ausgezehrte Patienten im letzten Stadium des Verhungerns. Sie kamen immer aus abgelegenen Kriegsgefangenenlagern, wo eine offizielle Überwachung schwierig war. So kam auch ein junger Österreicher in diesem Zustand zu uns, der wegen schierer Erschöpfung ein Gangrän an den Zehen und dem anschließenden Teil des rechten Fußes entwickelt hatte. Ich assistierte meinem Freund Hans Theiss, der die Chirurgie leitete, bei der Amputation des Vorderfußes entlang der Lisfranc-Gelenklinie. Leider wanderte das Gangrän aufwärts, und einige Tage später sollte ich dem russischen Chirurgen bei der Amputation des Beins am Kniegelenk assistieren. Der Russe schnitt fröhlich in die Kniebeuge, und ich konnte nicht anders, als disziplinwidrig zu sagen: »Ostaroscho (Beachten Sie die) arteria poplitea.« Der russische Chirurg war nicht beleidigt, sondern fragte: »Schto takoi (Was ist das), arteria poplitea?« und schnitt sie in der nächsten Sekunde durch. Aus der Arterie spritzte Blut durch den Raum, doch nur zweimal. Beim nächsten Herzschlag hatte der Russe die Arterie mit der Zange erfaßt und im Nu wirksam abgebunden. Wie man sieht, sind anatomische Kenntnisse durch manuelle Geschicklichkeit zu ersetzen.

Nach dieser Operation trat der Patient, ein höchst neurotischer Mann, in den Hungerstreik. Die russischen Krankenhäuser für Kriegsgefangene gaben sich alle erdenkliche Mühe, das Leben ihrer Patienten zu retten. Russische Krankenschwestern spendeten Blut für Transfusionen, und dem Österreicher, dessen Geschichte ich hier erzähle, bot man eine schier unglaubliche Auswahl an Essen an. Doch kein Leckerbissen konnte ihn in Versuchung führen, und so zog man mich hinzu, weil der Fall offensichtlich in die Kompetenz eines Psychiaters fiel. Obwohl der Mann wie ich aus Wien stammte, weshalb ich die gleiche Mundart sprach wie er, konnte ich ihn einfach nicht davon überzeugen, daß der Verlust seines Beines eher ein Vorteil war, weil Gefangene mit einer Amputation in der Regel sofort nach Hause geschickt wurden. Er hatte einfach von allem genug und fiel in einen Zustand ähnlich dem eines kleinen Kindes in einem Wutanfall. Er war in höchster Gefahr, und in meiner Verzweiflung griff ich zum letzten Mittel bei der Behandlung hysterischer Reaktionen: Ich simulierte äußersten Zorn, brüllte wie ein Gorilla auf dieses armselige Häufchen ein, trommelte mir auf die Brust und drohte, Krenfleisch (österreichisch für Hackfleisch) aus ihm zu machen, wenn er nicht auf der Stelle diese wunderbare Suppe äße. Wie durch ein Wunder gehorchte er, und ich war zutiefst erleichtert, da ich doch Zweifel gehabt hatte, ob meine Behandlung besonders human gewesen wäre.

Es gehört zur Symptomatik, daß Menschen, die von einer hysterischen Reaktion befreit oder genauer aus ihr »herausgerissen« werden, dem »Herausreißer« äußerst dankbar sind. Der Patient aß von diesem Augenblick an voller Gier, aber nur unter einer Bedingung: Ich mußte anwesend sein. Der kleine Hungerleider, der wie ein Achtzigjähriger ausgesehen hatte, setzte mit erstaunlichem Tempo Gewicht an und entpuppte sich als recht gut aussehender junger Mann Anfang zwanzig. Ich mußte mich aber um meine Abteilung mit

Albert, Konrad, Emma und Adolf Lorenz (1903).

»Die beiden Einjährigen« (links) Albert Lorenz, »einjährig Freiwilliger« in
der Kadettenuniform des zukünftigen Reserveoffiziers der k.u.k.-Armee,
und sein »ebenfalls einjähriger« Bruder Konrad (1904). Konrad (rechts)
als Volksschüler (um 1913).

Konrad unter der Platane im »Rondeau« in Altenberg (um 1908).

Motorradfan vor dem Wiener Rathaus (um 1926).

Dr. med. Konrad Zacharias Lorenz, cand. phil. (1928).

Konrad mit Vater Adolf auf der rechten Löwenbank in Altenberg (1940).

Konrad mit Raben (ca. 1931).

Resi Führinger, Konrads ehemaliges Kindermädchen und lebenslange Tierpflegerin (ca. 1935).

Konrad mit den ersten Gänsen (ca. 1935).

Niko Tinbergen (ca. 1937).

Konrad an der Donau (1957).

Konrad und Gretl Lorenz, Agnes von Cranach, Erich, Eveline und, im Fellbündel, Britta von Holst (1958).

Gruppenbild zur Eröffnung von Seewiesen (1958).

Konrad Lorenz gegen
Zwentendorf (1979).

Konrad Lorenz mit Bundeskanzler Fred Sinowatz beim Weihnachtsfrieden
für Hainburg (1984).

Konrad Lorenz und Niko Tinbergen in Altenberg (1978).

ihren mehr als 600 Betten kümmern und war es leid, für Frühstück, Mittag- und Abendessen in die Chirurgie zu wandern, damit er etwas aß. So verlor ich schließlich die Geduld und erklärte ihm, falls er seine Mahlzeiten nicht auch in meiner Abwesenheit zu sich nähme, würde ich ihm die Schläge geben, die ich ihm ein paar Wochen zuvor angedroht hatte. »Glauben Sie, ich hätte die Zeit, neben Ihrem Bett zu sitzen und Sie löffelweise zu füttern?«

Wochen später traf ich den Mann in Oritchi wieder, wo ich »auf Urlaub« interniert war, nachdem man das Hospital in Chalturin aufgelöst hatte. Er sollte am folgenden Tag repatriiert werden und erbot sich wahrhaft heldenmütig, meiner Frau eine Nachricht zu übermitteln. In seiner Backe versteckt beförderte er die erste Mitteilung an meine Frau, daß ich noch am Leben war – man hatte mich lediglich für vermißt erklärt. Der Witz an der Geschichte ist, was der Mann dann meiner Frau erzählte: Man habe ihn unbehandelt in einer Ecke liegen lassen, dem Hungertod nah, er sei bereit gewesen zu sterben. Dann hätte ich ihn gefunden und wäre neben seinem Lager gesessen, um ihn löffelweise zu füttern und so zu retten. Als meine Frau mir die Geschichte später erzählte, konnte ich mich natürlich nicht sofort an den Mann erinnern; erst bei den Worten, er sei von mir »löffelweise« gefüttert worden, fiel der Groschen. Interessant ist, daß dem Mann innerlich bewußt war, wer ihm das Leben gerettet hatte, jedoch aus offensichtlichen psychologischen Gründen hatte er das unangenehme Verfahren verdrängt, mit dem mir das gelungen war.

Insgesamt durchlief ich dreizehn verschiedene russische Kriegsgefangenenlager – die Russen verlegten uns ziemlich oft. Ich war stets als Lagerarzt tätig. Der Begriff *psychosomatisch* mißfällt mir sehr, weil es kaum eine Krankheit gibt, die sich nicht auf Seele und Körper gleichermaßen auswirkt. Die Moral in einem Kriegsgefangenenlager aufrechtzuerhalten ist deshalb zumindest ebenso wichtig wie die medizinische

Betreuung, und so wirkte ich als eine Mischung aus Medizinmann, Beichtvater und Spaßmacher, wobei die letztgenannte Aufgabe nicht die unbedeutendste war.

Ich hatte etwas freie Zeit zur Verfügung, besonders in kleineren Lagern, und so begann ich ein Buch zu schreiben. Ein wenig Tinte konnte ich zwar besorgen, aber kein Papier. Es gelang mir jedoch, den Lagerschneider mit ein paar Stückchen Brot zu bestechen, damit er mir leere Zementsäcke glattbügelte; diese schnitt ich als Schreibpapier zurecht. Am Ende wurde es ein ziemlicher Packen, der später zu meinem Buch über die evolutionäre Erkenntnistheorie mit dem Titel »Die Rückseite des Spiegels«* werden sollte.

Einige meiner Freunde unter den Gefangenen hielten diese Schriftstellerei für überaus gefährlich und schauten sehr bedrückt drein, als ich vom Lager in Eriwan am Fuß des Ararat urplötzlich und ganz allein, nur von einem Offizier bewacht, nach Krasnogorsk bei Moskau überstellt wurde. Im Zug erlitt mein Bewacher einen schweren Malariaanfall. Als wir in der Ölstadt Baku ankamen, war er absolut unfähig, den Zug zu verlassen. So gab er mir Geld, und ich mußte völlig unzulässigerweise in deutscher Uniform durch die Stadt laufen, ohne einen Nachweis, daß ich kein geflohener Gefangener war. Nachdem ich eingekauft hatte, was mir mein Offizier aufgetragen hatte, bot sich mir die Gelegenheit, mich an einem Brunnen am Hauptplatz von Baku zu waschen. Da sah ich plötzlich eine furchteinflößende Gestalt näherkommen, einen einbeinigen russischen Soldaten mit mongolischen Zügen, der ein riesiges Rasiermesser schwenkte. Ich beruhigte mich, als er in sehr schlechtem und für mich deshalb gut verständlichem Russisch sagte: »Du hast Seife, ich habe Rasiermesser, du gibst mir etwas Seife, ich rasiere dich.« Wahrhaftig eine tröstliche Erinnerung: ein

---

* Lorenz 1973a, 1992.

deutscher Soldat, der mitten in einer russischen Stadt von einem russischen Invaliden rasiert wird!

Nach meiner Ankunft in Krasnogorsk wurde dem *natschalnik lagera*, dem Kommandanten des Kriegsgefangenenlagers, meine Anwesenheit mit der alarmierenden Meldung kundgetan, einer der Gefangenen sei verrückt geworden: Er laufe herum, fange Fliegen und stecke sie in Streichholzschachteln. Der Kommandant, ein sehr intelligenter Mann, erkannte sofort, daß »der Professor« angekommen war. Er war sogar so freundlich, mir Vogelfutter besorgen zu lassen.* In Armenien hatte ich nämlich einen Star großgezogen, den ich die meiste Zeit über frei fliegen lassen konnte, da er fest auf mich geprägt war. Einmal war er mit einem riesigen Schwarm anderer Stare davongeflogen, aber auf meinen Pfiff hin zurückgekommen, als der Schwarm zufällig über das Lager flog. Das brachte mir den Ruf ein, ein Zauberer zu sein. Der Ruhm war mir nach Krasnogorsk vorausgeeilt, und der Lagerkommandant, ein Oberstleutnant, hatte ihn zutreffend mit der Nachricht von dem Verrückten verknüpft, der Fliegen fing.

Im Lager von Krasnogorsk mußte ich eine maschinengeschriebene Kopie meines Manuskripts liefern und erhielt die Zusage, ich dürfe dieses mit nach Hause nehmen, nachdem die Kopie den offiziellen Zensor passiert hätte. Der Termin für den nächsten Heimkehrertransport nach Österreich rückte näher, aber die zensurierte Kopie meines Manuskript war noch nicht wieder da. Die düsteren Prophezeiungen meiner Freunde in Eriwan drohten wahr zu werden.

Einen Tag vor der Abfahrt des Transports zitierte man mich plötzlich zum Kommandanten. Für einen Gefangenen in Rußland war das an sich höchst beunruhigend, doch was folgte, war meine erstaunlichste und in der Tat schönste Erfahrung während des Krieges:

---

* Aus dem KL Grütze kochte.

Als ich das Büro des *natschalnik* betrat, erhob er sich zu meiner Verwunderung und bat mich, Platz zu nehmen. Dann sagte er mit ernster Miene: »Professor, Sie sind nicht länger Gefangener, und ich bin nicht mehr Ihr Vorgesetzter. Jetzt möchte ich Sie von Mann zu Mann fragen: Können Sie mir Ihr Ehrenwort geben, daß das Originalmanuskript, das Sie behalten haben, nichts enthält, was nicht mit dem Text der Kopie übereinstimmt, die der Zensur vorgelegt wurde?«

Ich verstand nicht im mindesten, worauf er hinauswollte, und antwortete sofort: »Nein, ich habe ein Kapitel gestrichen, ein anderes erweitert und ganz allgemein den Stil der ganzen Sache verbessert.«

Er lachte auf und erwiderte: »Nein, Professor, das meine ich nicht. Ich will wissen, ob Ihr Manuskript neben Ihrer wissenschaftlichen Arbeit nichts anderes enthält, etwa geheime Notizen, die Sie in dem einen oder anderen Lager gemacht haben und die nicht in der Kopie stehen, die ich an die Zensur weitergeleitet habe.« Jetzt mußte ich lachen und antwortete, hinsichtlich dieser Frage könne ich ihm in der Tat mein Ehrenwort *(chestny slowo)* geben.

Daraufhin stellte er einen *propusk* aus, der mir gestattete, auf dem für den nächsten Tag vorgesehenen Heimkehrertransport folgendes mitzuführen: »Ein Manuskript, zwei Vogelkäfige und eine Holzskulptur.« Letztere war eine kleine Pfeifente, die ich am Geburtstag meiner Frau aus dem Holz einer Hainbuche geschnitzt hatte. Zudem wies er den Begleitoffizier an, ich solle nicht durchsucht werden, und er solle diese Anweisung auch dem Offizier übermitteln, der ihn ablöste, und so fort. Das überstieg natürlich die Kompetenzen eines Lagerkommandanten bei weitem; tatsächlich hätte er ernste Schwierigkeiten bekommen, wenn ich doch durchsucht worden wäre und man bei mir irgendwelche wichtigen politischen Notizen gefunden hätte. Ich glaube, ich kenne kein anderes Beispiel für einen Mann, der dem Ehrenwort eines anderen so vollkommen vertraut hatte. Wann immer ich

84

die Geschichte erzähle, bin ich tief bewegt, und während ich dies niederschreibe, werden mir die Augen feucht.

Im Februar 1948 war ich zu Hause. Mein Vater war zwei Jahre zuvor im Alter von 91 Jahren gestorben; der Rest der Familie befand sich bei guter Gesundheit. Meine Frau hatte einen Teil der ererbten Baumschule in einen Bauernhof und sich selbst von einer Gynäkologin in eine sehr erfolgreiche Bäuerin verwandelt. So hatten wir genug zu essen, aber keinen Pfennig Geld.

Zu rechten Zeit bekamen wir unerwartete Hilfe von dem englischen Autor John. B. Priestley, der für seine an österreichischen Theatern aufgeführten Stücke der Österreichischen Akademie der Wissenschaften eine beträchtliche Summe vom Honorar spendete – mit der Maßgabe, damit Forschungen in Altenberg zu unterstützen. Der erste Mitarbeiter, der an der neuen Station für vergleichende Verhaltensforschung unter der Schirmherrschaft der Österreichischen Akademie der Wissenschaften eintraf, war Wolfgang Schleidt, heute Professor an der Universität von Maryland. Dann folgte Heinz Prechtl, heute Professor in Groningen, mit seiner Frau Ilse, selbst promovierte Zoologin. Und schließlich Irenäus Eibl-Eibesfeldt, der mittlerweile eine Abteilung für Humanethologie der Max-Planck-Gesellschaft leitet. Die großen Qualitäten meiner frühen Mitarbeiter veranlaßten meine Frau viele Jahre später zu dem Ausruf: »Komisch, jetzt sind all diese Buben Professoren!« Worauf ich eingestandenermaßen stolz bin.

Der erste nicht aus Österreich stammende Ethologe, der unsere Station besuchte, war William H. Thorpe aus Cambridge, der die immense Mühe auf sich genommen hatte, eine Besuchserlaubnis für uns in der russisch besetzten Zone Österreichs zu erhalten. Er blieb ein Freund fürs Leben.

1950 nahm ich an einem Symposion der »Society for Experimental Biology« in Cambridge teil, wo ich Niko Tinbergen wiedertraf. Obwohl er einige Jahre in deutschen Konzentrationslagern und ich noch längere Zeit in sowjetischen Kriegsgefangenenlagern zugebracht hatte, stellten wir fest, daß sich dadurch in keiner Weise etwas geändert hatte, was Niko in dem Satz ausdrückte: »Wir haben gewonnen.«

Auf unserer Station in Altenberg lebten wir recht glücklich und sehr bescheiden, als die Universität Graz mich einstimmig als Nachfolger Karl von Frischs auf dem dortigen Zoologie-Lehrstuhl vorschlug; Frisch kehrte zu seiner ursprünglichen Professur in München zurück. Thorpe und Tinbergen, meine Freunde in England, hatten vorhergesagt, ich würde nie einen Lehrstuhl in Österreich bekommen, und das sollte sich in der Tat bewahrheiten. Der damalige Erziehungsminister weigerte sich, meine Ernennung zu bestätigen, nicht weil ich früher an einer Nazi-Universität gewesen war, sondern – und das wurde ausdrücklich festgestellt – weil ich als Darwinist und Evolutionist nicht willkommen war.

Diese schlechte Nachricht schrieb ich an Niko Tinbergen und Bill Thorpe, und die vollbrachten offenbar ein Wunder, denn nur wenige Wochen darauf erhielt ich das Angebot, einen Lehrauftrag an der Universität Bristol zu übernehmen. Zusätzlich wurde verfügt, daß ich als Ethologe an der umfangreichen Sammlung von Wasservögeln in Slimbridge arbeiten sollte. Also war wohl auch mein Freund Peter Scott an diesem Wunder beteiligt gewesen.

Ich hatte bereits zugestimmt, den Lehrauftrag in Bristol anzunehmen, als die Max-Planck-Gesellschaft sich einschaltete. Erich von Holst hatte mit ihrem Präsidenten Otto Hahn gesprochen, und dieser große Mann handelte sofort. Ohne zu zögern überschritt er seine Kompetenzen, als er mich fragte, ob ich einverstanden wäre, in Altenberg zu bleiben, wenn die Max-Planck-Gesellschaft mir ein Gehalt von monatlich 1000 Schilling bezahlen würde. Ich kündigte meine Verpflichtung in Bristol und nahm Hahns Vorschlag auf der Stelle an.

Diese Pläne wurden jedoch bald von anderen und weiter-
reichenden abgelöst. Ende 1950 beschloß die Max-Planck-
Gesellschaft, auf Schloß Buldern in Westfalen eine Station
für Verhaltensforschung einzurichten. Dort hatte Baron
Gisbert von Rhomberg Unterkünfte für Wissenschaftler und
auch einige schöne Teiche für unsere Wasservögel angeboten. Dieses Angebot hatte den ungeheuren Vorteil, daß ich
meine Mitarbeiter aus Altenberg einstellen konnte: Eibl,
Prechtl und Schleidt wurden meine Assistenten.

In Buldern arbeiteten wir froh und mit befriedigenden Ergebnissen; ich selbst wurde zum Honorar-Professor an der
Universität Münster ernannt. Nominell unterstand meine
Station dem Max-Planck-Institut für Meeresbiologie in Wil-
helmshaven, wo Erich von Holst arbeitete. 1955 gründete
die Max-Planck-Gesellschaft für uns beide das Max-Planck-
Institut für Verhaltensphysiologie in Seewiesen (in Ober-
bayern). Hier folgten einige wenige – allzuwenige – Jahre
fruchtbarer Zusammenarbeit, die durch von Holsts tragi-
schen frühen Tod zu Ende gingen. Ich persönlich setzte
meine Arbeit am Max-Planck-Institut bis zu meiner Pensionierung im Jahre 1973 fort.

In diesen Jahren entwickelte die Ethologie sich rasch weiter, sowohl was die erzielten Ergebnisse als auch was die in
der Forschung beschäftigten Mitarbeiter betrifft. In mühe-
voller Arbeit wurde ein großer Datenbestand gesammelt,
und viele einzigartige Entdeckungen wurden gemacht. Will
man diese Periode glücklicher Forschung kritisieren, so
könnte man ihr Einseitigkeit vorwerfen, vielleicht sogar, daß
es in gewisser Weise versäumt wurde, in Systembegriffen zu
denken. Dies gehörte zwangsläufig zu einer Ausrichtung, die
*Lernprozesse* fast vollständig außer acht ließ – vor allem befaßte man sich kaum mit den Beziehungen und Wechselwir-
kungen, die zwischen den gerade entdeckten angeborenen
Verhaltensmechanismen und den verschiedenen Formen des
Lernens existieren. Mein bescheidener Beitrag, zu dem auch

eine Formulierung des Begriffs der »Instinkt-Dressur-Verschränkung« gehört, gelangte über solche Formulierungen nicht hinaus; abgesehen davon war das Beispiel, auf dem die – an sich zutreffende – Begriffsbildung beruhte, falsch.

1953 erschien eine kritische Studie, die einen behavioristischen Standpunkt vertrat, aber nicht von einem Behavioristen stammte. In seiner Schrift »A Critique of Konrad Lorenz's Theory of Instinctive Behavior« verwarf Daniel S. Lehrman die Existenz angeborener Bewegungsmuster prinzipiell, wobei sein Argument im wesentlichen auf einer These von D. O. Hebb aufbaute. Dieser hatte behauptet, angeborenes Verhalten sei allein durch den Ausschluß dessen definiert, was ein Organismus gelernt hätte, weshalb es als Konzept »untauglich«, also unbrauchbar wäre. Unter Bezug auf die Befunde von Z. Y. Kuo (1932) behauptete Lehrman auch, man könne nie wissen, ob bestimmte Verhaltensmuster im Ei bzw. *in utero* gelernt worden seien oder nicht. Kuo hatte bereits dafür plädiert, die begriffliche Trennung von Angeborenem und Erworbenem fallenzulassen. Seiner Ansicht nach bestand jedes Verhalten aus Reaktionen auf Reize, welche ihrerseits die Interaktion zwischen einem Organismus und seiner Umgebung widerspiegelten. Für Kuo war die Theorie einer im vorhinein bestehenden Beziehung zwischen dem Organismus und den Bedingungen seiner Umgebung ebenso fragwürdig wie die Annahme angeborener Ideen.

Meine kurze, aber entschiedene Antwort auf Lehrmans Kritik verfehlte zunächst den wesentlichsten Punkt. Die Behauptung, in vergleichenden Studien des Verhaltens sei das Angeborene nur durch den Ausschluß von Lernprozessen definiert, ist vollkommen falsch: Wie morphologische Merkmale sind auch angeborene Verhaltensmuster anhand der gleichen systematischen Verteilung von Merkmalen zu erkennen; die Begriffe angeboren und erworben sind ebensogut definiert wie Genotyp und Phänotyp. Als Erwiderung auf die Theorie, wonach der Vogel im Ei oder das Säugetierembryo im Uterus Verhaltensmuster gelernt haben könnte, die dann in die jeweils vorgesehene Umwelt »passen«, hat meine Frau nur gemeint: »Trocken-Skikurs.« Ich selbst schrieb damals, Lehrman würde, um die Vorstellung angeborener Verhaltensmuster zu umgehen, letztlich die Existenz einer angeborenen Schulmeisterin postulieren.

Die Vorstellung einer »angeborenen Schulmeisterin« war von mir eindeutig als *reductio ad absurdum* gedacht. Weder ich noch meine Kritiker erkannten jedoch, daß das eigentliche Problem in eben diesem Mechanismus der Vermittlung lauerte. Ich brauchte fast zehn Jahre, um darauf zu kommen, an welcher Stelle der Fehler der Kritiker wie der Gegenkritiker lag. Er war so schwer zu finden, weil sowohl die extremen Behavioristen als auch die älteren Ethologen den Fehler in genau der gleichen Weise begangen hatten. Tatsächlich war es nicht korrekt, die Vorstellungen von Angeborenem und Erworbenem als unverbundene Gegensätze zu formulieren; Wechselseitigkeit und Verschränkung ihrer begrifflichen Inhalte waren jedoch nicht, wie die »Instinktgegner« annahmen, darin zu finden, daß alles anscheinend Angeborene eigentlich erlernt war, sondern genau umgekehrt. In Wahrheit muß alles Erlernte in einem phylogenetisch bereitgestellten Programm begründet sein, wenn, wie es tatsächlich der Fall ist, angemessene arterhaltende Verhaltensmuster hervorgebracht werden sollen.

Nicht nur Oskar Heinroth und ich, sondern auch andere ältere Ethologen hatten nie viel über diese Erscheinungen nachgedacht, die wir ganz pauschal als erlernt oder durch Einsicht bestimmt einstuften und dann einfach beiseitegeschoben. Wir betrachteten sie – wenn man unsere Forschungsmethoden etwas schonungslos beschreiben will – als Mistkübel für alles, was außerhalb unseres analytischen Interesses lag.

So kam es, daß weder einer der älteren Ethologen noch einer der »Instinktgegner« die wichtige Frage stellte, wie es denn möglich sei, daß ein Organismus, wann immer er sein

Verhalten durch Lernprozesse veränderte, den richtigen Vorgang lernte, anders gesagt: wie eine adaptive Verbesserung seiner Verhaltensmechanismen erreicht wurde. Diese Unterlassung schien besonders kraß bei Z. Y. Kuo zutage zu treten, der sich selbst so nachdrücklich von jeder prädeterminierten Verbindung zwischen Organismus und Umgebung distanziert hatte, es aber gleichzeitig als axiomatisch ansah, daß alle Lernprozesse bedeutsame arterhaltende Modifikationen nach sich zogen. Soviel ich weiß, war P. K. Anokhin der erste Lerntheoretiker, der den bedingten Reflex als *Regelkreis* auffaßte, in dem nicht allein die von außen kommende Reizkonfiguration, sondern vielmehr die *Rückmeldung* über den Abschluß und die Folgen des bedingten Verhaltens einen Nachweis für dessen Angepaßtheit lieferte.

Wie in vielen anderen Fällen falscher Gedankenführung kann der bei den Behavioristen festzustellende Mangel an Fragen über den adaptiven Wert erlernten Verhaltens möglicherweise auf deren entschiedene Gegnerschaft zur Lehre der [amerikanischen] Zweckpsychologie zurückgeführt werden. Das hemmungslose Eintreten dieser letzteren für einen übernatürlichen Zweck des Verhaltens verursachte bei den Behavioristen eine solche Abneigung gegen alle Vorstellungen einer Zielgerichtetheit, daß sie sich entschieden weigerten, zusammen mit der (einen Endzweck unterstellenden) Teleologie irgendeinen Ansatz in Betracht zu ziehen, der auf eine Zweckbestimmung im Sinne der Arterhaltung hinauslief, einschließlich der Teleonomie, wie sie C. Pittendrigh 1958 definierte. Diese Einstellung machte sie leider blind für all jene Dinge, die nur über die Einbeziehung evolutionärer Prozesse zu verstehen waren.

Die »angeborene Schulmeisterin«, die dem Organismus mitteilt, ob sein Verhalten für die Fortdauer der Art nützlich oder schädlich ist, und das Verhalten im ersten Fall verstärkt, im zweiten eliminiert, muß in einem Rückmeldungsapparat begründet sein, der den Mechanismen der ersten Phasen des vorgeschalteten Verhaltens Erfolg oder Mißerfolg meldet. Diese Erkenntnis kam mir erst allmählich und unabhängig von P. K. Anokhin.

Meine Theorien zu diesem Thema veröffentlichte ich 1961 in meiner Arbeit »Phylogenetische Anpassung und adaptive Modifikation des Verhaltens«, die ich später ausdehnte und zu einem Buch in englischer Sprache erweiterte *(Evolution and Modification of Behavior\*)*. In dieser Arbeit hob ich hervor, daß jede wie auch immer geartete Modifikation eines Organs oder eines Verhaltensmusters, die sich als gelungene Anpassung an eine bestimmte Umweltbedingung erweist, auch unbestreitbar belegt, daß *Informationen über diese Bedingung* in den Organismus »eingespeist« worden sein müssen. Dies kann nur auf zwei Wegen geschehen. Der erste liegt im Verlauf der Phylogenese, sei es durch Mutation und/oder neue Kombinationen genetischer Faktoren und durch natürliche Auslese. Der zweite verläuft über den individuellen Erwerb von Informationen, die der Organismus während seiner Ontogenese erhält.

*Angeborenes* und *Erlerntes* sind nicht durch den Ausschluß des jeweils anderen definiert, sondern durch den Vorgang des *Eingangs, den die bedeutsame Information nimmt*, der die Voraussetzung jeder adaptiven Veränderung ist.

Die Zweiteilung, die »Dichotomie« von Verhalten in Angeborenes und Erlerntes ist in zweifacher Hinsicht irreführend, wenn auch nicht in dem Sinn, wie er in der Argumentation der Behavioristen behauptet wird. Weder durch Beobachtung noch durch Experimente hat sich auch nur eine geringe Wahrscheinlichkeit, geschweige denn eine logische Notwendigkeit gezeigt, daß jeder phylogenetisch programmierte Verhaltensmechanismus durch Lernen adaptiv modifizierbar sein muß. Ganz im Gegenteil ist es sowohl eine Er-

---

\* Lorenz 1965a.

91

fahrungstatsache wie auch logisch, wenn man postuliert, daß gewisse Verhaltenselemente, und zwar genau jene, die als eingebaute »Schulmeisterin« fungieren und den Lernprozeß auf dem korrekten Weg halten, *niemals* durch Lernen modifizierbar sind.

Andererseits enthält jedes »erlernte Verhalten« insoweit phylogenetisch erworbene Information, als die Lehrfunktion jeglicher »Schulmeisterin« auf einem physiologischen Apparat beruht, der sich unter dem Druck der Selektion entwickelt hat. Wer immer dies bestreitet, muß eine prästabilierte Harmonie zwischen der Umwelt und dem Organismus annehmen, um die Tatsache erklären zu können, daß Lernen – abgesehen von einigen lehrreichen Fehlern – stets teleonomisches Verhalten verstärkt und unangepaßtes Verhalten auslöscht. Wer immer sich blind stellt gegen die Tatsachen der Evolution, landet wie die genannten Behavioristen und der große Vitalist Jakob von Uexküll zwangsläufig bei dieser Annahme einer prästabilierten Harmonie.

Die Suche nach dem Ursprung der Information, die sowohl der angeborenen als auch der erworbenen Anpassung zugrunde liegt, hat seither bedeutende Ergebnisse gebracht. Ich möchte nur die Experimente von Jürgen Nicolai mit Witwenvögeln *(Viduinae)* erwähnen, bei denen Informationen in der folgenden komplexen Weise »kodiert« werden können: Wesentliche Teile des Liedes der erwachsenen Vögel wurden erlernt, indem diese Brutschmarotzer die Betteltöne und andere tonale Ausdrücke der jeweiligen Spezies von Zieheltern verfolgten, von denen der einzelne Witwenvogel zufällig ausgebrütet und aufgezogen wurde.

Untersuchungen der phylogenetischen Programmierung von Lernprozessen haben sich in vielfacher Hinsicht als bedeutsam erwiesen. Wie die Prägung sind manche dieser Vorgänge nur während spezieller beeinflußbarer Abschnitte der Ontogenese wirksam; wird es während dieser entscheidenden Perioden bei Tieren wie bei Menschen versäumt, deren

Bedürfnisse zu erkennen und ihnen zu entsprechen, kann das zu nicht wiedergutzumachenden Schäden führen. Im kulturellen Kontext ist die Unterscheidung zwischen Angeborenem und Erlerntem ebenfalls von Bedeutung. Auch der Mensch und sein Verhalten sind nicht uneingeschränkt durch Lernen zu modifizieren, weshalb viele angeborene Programme Menschenrechte darstellen.

Schon 1911 schrieb Oskar Heinroth am Ende seines klassischen Aufsatzes über Wasservögel:

> »Ich habe in dieser Abhandlung besonders auf die Verkehrsformen aufmerksam gemacht, und da zeigt sich, daß diese, sowie es sich um gesellige Vögel handelt, geradezu verblüffend menschlich sind, namentlich dann, wenn die Familie, also Vater, Mutter und Kinder, einen so langdauernden, engen Verband bildet, wie bei den Gänsen. Die Sauropsiden-Reihe hat hier ganz ähnliche Affekte, Gebräuche und Motive entwickelt, wie wir sie bei uns Menschen gewöhnlich für verdienstvoll, moralisch und dem Verstande entsprungen halten.
>
> Das Studium der Ethologie der höheren Tiere – leider ein noch sehr unbeackertes Feld – wird uns immer mehr zu der Erkenntnis bringen, daß es sich bei unserem Benehmen gegen Familie und Fremde, beim Liebeswerben und ähnlichem um rein angeborene, viel primitivere Vorgänge handelt, als wir gemeinhin glauben.«[*]

Ungeachtet dieser frühen Mahnung wandte die Ethologie sich merkwürdig verspätet dem Menschen als Forschungsgegenstand zu.

Bei der Erforschung des Menschen ist die primäre Aufgabe der Ethologie, nämlich die analytische Unterscheidung

---

[*] Heinroth 1911, S. 702.

festgelegter Bewegungsmuster, nicht leicht zu erfüllen. Kein Geringerer als Charles Darwin hat in seinem Werk »Der Ausdruck der Gemütsbewegungen bei dem Menschen und den Tieren« (1884) die Übereinstimmung einiger menschlicher und tierischer Bewegungsmuster aufgezeigt. Die Homologie war überzeugend, doch weitere solide Nachweise waren notwendig.

Irenäus Eibl-Eibesfeldt hat als erster solche Nachweise erbracht. Er wählte dieselben Bewegungen, die Darwin untersucht hatte – jene, die Emotionen ausdrücken. Da es aus naheliegenden Gründen nicht möglich war, die üblichen Versuche zum Nachweis eines vom Lernen unabhängigen Bewegungsmusters (Versuche, die auch soziale Isolation einschließen) bei Menschen durchzuführen, griff Eibl-Eibesfeldt auf jene Unglücklichen zurück, bei denen eine Krankheit dieses Experiment bereits in ebenso grausamer wie wirkungsvoller Weise eingeleitet hatte: Er studierte taubblind geborene Kinder. Wie er anhand von Filmanalysen zeigen konnte, besaßen diese Kinder ein praktisch unverändertes Repertoire an Gesichtsausdrücken, obwohl sie diese, da sie ja in ständiger, vollkommener Dunkelheit und Stille lebten, nie als Ausdruck bei anderen Menschen gesehen oder gehört hatten.

Als zweiten Ansatz nutzte Eibl-Eibesfeldt die Methode des Kulturenvergleichs, um den Ausdruck von Emotionen beim Menschen zu studieren. Er beobachtete und filmte Angehörige einer möglichst großen Zahl von Kulturen in standardisierten Situationen wie Begrüßung oder Abschied, beim Streiten, beim Erleben von Kummer und Freude, bei der Brautwerbung und so weiter. Wie sich zeigte, stimmten diese entscheidenden Muster beim Ausdruck von Emotionen in allen Kulturen, die er untersuchen konnte, überein, selbst wenn man die Bewegungsabläufe einer genauen Analyse mittels Zeitlupenaufnahmen unterzog. Veränderlich war nur die aufgrund von Überlieferung ausgeübte Kontrolle.

Diese bewirkte lediglich eine quantitative Differenzierung des Ausdrucks.

Das wichtigste Ergebnis von Eibl-Eibesfeldts ausgedehnten Forschungsarbeiten läßt sich in einem Satz wiedergeben: Die von taubblind geborenen Kindern unvermindert gezeigten Bewegungsmuster stimmen mit jenen überein, für die durch kulturenvergleichende Untersuchungen gezeigt werden konnte, daß sie von kulturellem Wandel nicht beeinflußt werden. Angesichts dieser unbestreitbaren Resultate ist es ein wissenschaftlicher Skandal, daß viele Autoren immer noch behaupten, alle menschlichen Ausdrucksweisen seien kulturell determiniert.

Starke Unterstützung erhielt die Humanethologie unerwartet von der Linguistik: Noam Chomsky und seine Schule haben gezeigt, daß die Struktur des logischen Denkens – die mit jener der sprachlichen Syntax übereinstimmt – in einem genetischen Programm verankert ist. Das Kind lernt nicht sprechen; es lernt lediglich das Vokabular der speziellen kulturellen Überlieferung, in die es zufällig hineingeboren wurde.

Eine überraschende und bedeutende Erweiterung der ethologischen Forschung ergab sich aus der Anwendung der vergleichenden Methode auf die Phänomene menschlicher Kultur. 1970 zeigte Otto Koenig in seinem Buch »Kultur und Verhaltensforschung«, daß die im Lauf der Geschichte eingeführten traditionellen Ähnlichkeiten einerseits und die durch parallele Anpassung verursachten Ähnlichkeiten andererseits – also der reziproke Wirkungszusammenhang zwischen Homologie und Analogie – bei der Entwicklung der menschlichen Kulturen in sehr ähnlicher Weise zusammenwirken wie bei der Evolution der Arten. Zum Verständnis der Kulturgeschichte ist die Analyse von Homologie und Analogie offensichtlich von größter Bedeutung.

Recht spät in meinem Leben weckte dieses Interesse an der Kultur der Menschen mein *medizinisches* Interesse für die eigene Spezies. Aus der Verbindung der Ergebnisse von Eibl-Eibesfeldt und Koenig sowie alledem, was ich während meiner zweijährigen Tätigkeit als Psychiater erfahren hatte, erwuchsen neue Ideen. Ich glaube, ohne diese Schulung, so unfreiwillig ich sie auch über mich ergehen ließ, hätte ich niemals bemerkt, *wie verrückt* das kollektive Verhalten der Menschheit in unserer Zeit geworden war. Als ich vor zwanzig Jahren einen Vortrag von William Vogt hörte, der als einer der ersten die nahenden ungeheuren Gefahren erkannt hatte, war ich in keiner Weise beeindruckt – wie ich zu meiner Schande gestehen muß. Es war Rachel Carson (die ich persönlich kannte und als Meeresbiologin sehr schätzte), die mich letztlich für das Lager der Umweltschützer gewann.

Während ich am Max-Planck-Institut für Verhaltensphysiologie in Seewiesen noch fleißig Graugänse studierte, schrieb ich das Buch »Die acht Todsünden der zivilisierten Menschheit«, welches ich Eduard Baumgarten anläßlich seines drei Jahre zurückliegenden 70. Geburtstages widmete. Das Buch über Graugänse existiert schon in Form einer immensen Datensammlung, aber ich bin noch immer dabei, es zu schreiben.*

Fast gleichzeitig mit meiner Pensionierung und dem Abschied vom Max-Planck-Institut erhielt ich zusammen mit Karl von Frisch und Niko Tinbergen den Nobelpreis. Karl von Frisch hätte ihn viel früher bekommen müssen, doch die Tatsache, daß Niko und ich ihn gemeinsam erhalten haben, erfüllt mich mit tiefer Befriedigung. Wenn je zwei Forscher voneinander abhängig waren und einander unterstützten, dann waren wir das. Ich bin ein guter Beobachter, aber ein miserabler Experimentator, und Tinbergen ist, wie schon gesagt, der Altmeister in der Kunst, der Natur sehr einfache Fragen zu stellen, womit er sie zwingt, ebenso schlichte und unzweideutige Antworten zu liefern.

---

* Als »Hier bin ich – wo bist du?« 1988 im Piper Verlag erschienen.

96

Als ich telefonisch von der Preisverleihung erfuhr, war mein erster Gedanke durchaus kein löblicher: »Da hat der Behaviorismus eins auf den Deckel bekommen.« Hierfür gibt es nur die Entschuldigung, daß ich dabei gar nicht an mich selbst dachte, sondern daran, daß die Ethologie als Wissenschaft aufgewertet worden war. Der zweite, löblichere Gedanke galt meinem Vater – wie schade es doch wäre, daß er diese Nachricht nicht mehr hören konnte. Bestimmt hätte er gesagt: »Das ist unglaublich! Der Bub kriegt den Nobelpreis für seine Spielereien mit Vögeln und Fischen.« Mein Vater war mehrmals für den Nobelpreis vorgeschlagen worden, hatte ihn aber immer knapp verfehlt. Es ist bemerkenswert, wie stark der Wunsch nach der Anerkennung des eigenen Vaters noch bei einem Siebzigjährigen sein kann.

Eine Autobiographie sollte mit dem Rückzug des Autors ins Privatleben zu Ende sein. Bei mir ist das wohl nicht ganz der Fall. 1973 hatte ich den Eindruck, daß meine Arbeit über die Graugänse eine überraschende Anzahl »loser Enden übrigließ« – also alles andere als abgeschlossen war. Die Max-Planck-Gesellschaft bewilligte großzügig weitere Forschungsgelder, vorausgesetzt, ich würde einen Ort in Österreich finden, an dem ich meine Arbeiten fortführen könnte. Durch Vermittlung meines Freundes Otto Koenig von der Österreichischen Akademie der Wissenschaften, des österreichischen Wissenschaftsministers und des Herzogs von Cumberland wurde das möglich. Die Cumberland Foundation bot mir einen großartigen Standort im Almtal in Oberösterreich, und K. Hüthmayer, der Vorstand der Stiftung, bewirkte Wunder beim raschen Aufbau von Volieren, Teichen und Unterkünften für Wissenschaftler. 1973 zogen 144 Graugänse (von Seewiesen) ins Almtal um. Diese Entwurzelung und erneute Ansiedlung einer Kolonie von Wildvögeln war an sich schon ein höchst interessantes Experiment. Neben anderen aufschlußreichen Dingen stellte sich heraus, daß die persönliche Bindung an das menschliche Elter, von dem sie aufgezogen wurde (auch wenn das schon zwei Jahre zurücklag), der stärkste Faktor war, der eine freifliegende Wildgans davon abhielt, die neue Örtlichkeit wieder zu verlassen.

Die Forschungsstelle Grünau, zunächst als Abteilung von Otto Koenigs Institut für Verhaltensforschung gegründet, ist kürzlich von der Österreichischen Akademie in eine eigenständige Einrichtung umgewandelt worden.* Sie setzt ihre Forschungsarbeit über die Ökologie und die Soziologie der Graugänse fort. Die Graugans-Population in Grünau wird nun schon über mehr als zehn Jahre hinweg intensiv und kontinuierlich erforscht. Damit können sich weltweit nur zwei andere Populationen freilebender und ungezähmter Tiere vergleichen, nämlich die Kolonie von *Macaca fuscata* in Japan und die Schimpansen der Gombe River Station, die von Jane Goodall und ihren Mitarbeitern beobachtet werden.

Die Station in Altenberg besteht vorwiegend aus einem Aquarium, in dem das aggressive Verhalten von Fischen untersucht wird.** Zu unseren überraschendsten Ergebnissen gehört, daß persönliche Bekanntschaft den stärksten aggressionshemmenden Faktor darstellt. Für *Zanclus canescens*

---

* Nach dem Tod von Konrad Lorenz hat die Österreichische Akademie ihre Unterstützung eingestellt, die Forschungen konnten jedoch dank des Enthusiasmus der Mitarbeiter fortgesetzt werden. Unter der Leitung von Professor K. Kotrschal ist die Konrad-Lorenz-Forschungsstelle für Ethologie, Grünau, das österreichische Zentrum der Vergleichenden Verhaltensforschung geworden.

** Dieses Aquarium war in einem gemieteten Nachbargebäude untergebracht. Nach dem Tod von Konrad Lorenz war es nicht möglich, den Mietvertrag zu verlängern, und das Aquarium mußte abgebaut werden. Im Altenberger »Stammhaus« entstand durch die Bemühungen von Rupert Riedl das Konrad Lorenz Institut für Evolutions- und Kognitionsforschung, in dem eine neue Aquarienanlage aufgebaut wurde.

konnte die Bildung eines nichtanonymen kollektiven Territoriums nachgewiesen werden, und auch bei *Zebrasoma veliferum*, einer nicht besonders nahe verwandten Art, wurde diese soziale Struktur gefunden.

Gleichzeitig erfolgte die Gründung der Konrad-Lorenz-Gesellschaft, der meine ehemaligen Schüler Antal Festetics und Irenäus Eibl-Eibesfeldt vorstehen. Sie beide sind eine Garantie dafür, daß meine Arbeit fortgesetzt wird, auch wenn ich selbst dazu nicht mehr in der Lage sein werde. Es besteht demnach eine gewisse Hoffnung, daß die eben genannten Forschungsgruppen ihre Arbeit über meine Lebenszeit hinaus fortführen.

Als nächstes möchte ich das Buch veröffentlichen, an dem ich derzeit arbeite, nämlich »Der Abbau des Menschlichen«. Sobald das Buch fertig ist (was bald der Fall sein wird), beabsichtige ich die immense Datenmenge auszuwerten, die wir jahrelang über das soziale Leben der Graugänse gesammelt haben. Ich hoffe sehr, auch darüber noch ein Buch vollenden zu können. Im Anschluß daran (wenn noch immer zum Arbeiten aufgelegt) möchte ich alles zusammentragen, was ich über barschähnliche Fische *(Percomorpha)* weiß. Es soll eine eher »vorwissenschaftliche« Beschreibung werden, die sich an Heinroths berühmte »Beiträge zur Biologie, namentlich Ethologie und Psychologie der Anatiden« anlehnen wird, nur daß ich die Wasservögel durch Fische ersetzen werde.

Wolfgang Schleidt

# Epilog: Wer war der »Vater der Graugänse« wirklich?

Wer war der »Vater der Graugänse« wirklich? Der geniale Verhaltensforscher, der sein Leben lang mit Gänsen arbeitete und so seinen Kindheitswunsch, Wildgans zu werden, verwirklicht hat? Ein anregender akademische Lehrer und erfolgreicher Autor, der mit dem Vieh, den Vögeln und den Fischen redete? Der von einem Raben lernte, warum eine Krähe einer anderen das Auge nicht aushackt, und von Hunden und Wölfen, wo die biologischen Wurzeln unserer Ethik zu finden sind? Der durch das Beispiel von Rachel Carson zu einem Pionier des Umweltschutzes wurde und seine Heimat vor Auswüchsen technokratischer Energiepolitik bewahrt hat? Konrad Lorenz, das grüne Gewissen der Nation?

Oder war Konrad Lorenz, wie kritische Stimmen bis in jüngste Zeit immer wieder behaupten, doch nur ein Opportunist mit brauner Vergangenheit, dessen Karriere auf Arbeiten zur »Erbgesundheit« begründet war? Warum schrieb er kritisch über die »Verhausschweinung« des Menschen, schwieg aber zugleich zu den Vorwürfen seiner politischen Kritiker? Was verschwieg Konrad Lorenz in dem 1985 in den USA publizierten autobiographischen Text, der nun

erstmals deutsch erscheint und im Zentrum dieses Buches steht?

Vieles blieb in dieser Autobiographie ungesagt. Nicht nur seine Einstellung zum Nationalsozialismus. Er verschweigt die erzliberalen Wurzeln seiner Familie ebenso wie sein späteres Naheverhältnis zur österreichischen Sozialdemokratie und sein Engagement im Kampf gegen das Atomkraftwerk Zwentendorf und für die Erhaltung der Donau-Auen bei Hainburg, das eine veritable Regierungskrise heraufbeschwor, bei der zwei Kanzler der Republik den kürzeren zogen.

Noch vieles andere blieb in dieser Autobiographie ungesagt. Obwohl er doch ganz viel dem Wohlstand und der Fürsorge seiner Eltern verdankt, erfahren wir fast nur Negatives über sie. Seine eigenen Kinder und Enkelkinder bleiben ebenso unerwähnt wie geliebte Tiere, zum Beispiel der Rabe Roa, die Chowhündin Susi oder die Gans Martina. Hier kann ich nur auf die Biographien hinweisen* und, als beste Einführung in die Privatsphäre von Konrad Lorenz, auf seine populären Schriften.**

---

\* Bischof (1991), Festetics (1983), Koenig (1983), Lorenz (1974a), Nisbett (1976), Schleidt (1988, 1990, 2001a, 2001b), Wuketits (1990).

\*\* Insbesondere K. Lorenz (1949, 1950b, 1963a, 1973a, 1973b, 1979, 1983), B. Lorenz (1992).

Es wäre töricht, seine Autobiographie nachbessern zu wollen. Einige Kommentare sind jedoch vor allem deswegen angebracht, weil so manches in seinem Leben nur aus dem Zeitgeist der Vergangenheit verstanden werden kann. Beurteilt man Vergangenes nach den heute geltenden Regeln, Gewohnheiten und Idealen, so verengt sich die Sicht zum »historischen Präsentismus«.* Um diesen naheliegenden und verbreiteten Fehler bei der Beurteilung der Autobiographie von Konrad Lorenz zu vermeiden, versuche ich hier relevante, ergänzende Informationen zu seiner geistigen Umwelt anzufügen.

## Konrad Lorenz und der Verfasser

Die Aufgabe, Konrad Lorenz' Autobiographie zu kommentieren, fiel mir zu, weil ich seit dessen Rückkehr aus russischer Kriegsgefangenschaft, 1948, bis 1964 einer seiner engsten Mitarbeiter war und ihm für den Rest seines Lebens in Freundschaft verbunden. Seit 1951 war ich sein »erster Assistent«, aber darüber hinaus, bedingt durch die besonderen Umstände des fortschreitenden Aufbaus seiner Arbeitsgruppe innerhalb der Max-Planck-Gesellschaft, war ich eher ein »Mädchen für alles«: für all das, was Konrad Lorenz nicht selbst machen konnte, nicht machen wollte oder jedenfalls *nicht allein* machen wollte. So wurde ich sein »*Arbeitskumpan*«, wenn es darum ging, Kisten zu schleppen, Gehege zu bauen, Aquarien einzurichten, das neue Institut zu planen oder in Göttingen bei der Generalverwaltung der Max-Planck-Gesellschaft unser Budget auszuhandeln. Und ich war sein »*Reisekumpan*« während langer Fahrten, mit der Eisenbahn und mit einem klapprigen Auto, mit dem Konrad

---

* Die Anwendung derzeit gültiger Normen auf die Vergangenheit (siehe auch Schleidt 2001a).

Lorenz in den ersten Jahren nach Gründung der Forschungsstelle in Buldern, Westfalen, kreuz und quer durch Deutschland fuhr, um Kollegen an Universitäten, Instituten und Tier-
gärten zu besuchen. Und schließlich übertrug er mir einen
erheblichen Teil an Planung, Gestaltung und Aufbau seines
Traumes, Lebenszieles, seines Instituts in Bayern, des Max-
Planck-Instituts für Verhaltensphysiologie in Seewiesen. Ich
wurde der »Vertreter des Bauherrn an der Baustelle« und gemeinsam mit meiner damaligen Frau Margret der erste Ein-
wohner. Der Name »Seewiesen« war meine »Er-Findung«
(ich hatte ihn auf dem Katasterblatt mit dem Ess-See entdeckt
und vorgeschlagen).

Die Arbeit für Konrad Lorenz gab mir auch Gelegenheit, bei
interessanten Begegnungen und Gesprächen dabei zu sein,
als stiller Beobachter im Hintergrund. Etwa bei seiner ersten
Begegnung mit Otto Hahn, der damals Präsident der Max-
Planck-Gesellschaft war und ihn beim Vorstellungsgespräch
nach dem Austausch der üblichen Höflichkeiten fragte: »Sagen Sie, sind Sie eigentlich kindlich? Ich hoffe, Sie mißver-
stehen mich nicht, ich meine: Spielen Sie gerne?« Konrad
Lorenz ohne Zögern: »Aber sicher!«*

---

* Schleidt (1990).

Oder als Konrad Lorenz die Frage an Otto Hahn, den Entdecker der »Atomzertrümmerung«, stellte: »Warum haben eigentlich die deutschen Physiker die Atombombe nicht gebaut?« Hahn antwortete schlicht: »Wir wollten das nicht.«

## Kindheit

Lorenz' Kindheit war elitär und umsorgt. Sein erster Wunsch, *eine Eule zu werden,* weil Eulen nicht so früh ins Bett mußten wie er, spricht für ein frühes Suchen nach Möglichkeiten, sich der Kontrolle der besorgten Mutter und des übermächtigen Vaters zu entziehen. Selbstverständlich ließ man es an nichts fehlen, wie Personal (seine Kinderfrau Resi Führinger als zweite Mutter) oder Erziehung im vornehmen Schottengymnasium und Studium an der Columbia University in New York. Von seinen Eltern wohl mehr verzogen als erzogen, wurde er doch von seinem Elternhaus geprägt. Sein Elternhaus war und blieb »Altenberg«, die barocke Jugendstil-Traumvilla des erfolgreichen Arztes Adolf Lorenz*, eines »Halbamerikaners«, im Dorf Altenberg an der Donau, am Nordrand des Wienerwaldes.

»Altenberg« ist jedoch mehr als ein Elternhaus: Der Name steht für die Familiengeschichte. Er ist zunächst durch den Großvater mütterlicherseits, *Zacharias* Lecher, bekanntgeworden, dessen ungewöhnlichen Vornamen Konrad geerbt und mit Stolz getragen hat. Zacharias Lecher war als Mitbegründer und Herausgeber der einstmals führenden Zeitung Wiens, der »Neuen Freien Presse«, mit der liberalen Tradition Österreichs eng verbunden. Er hatte sich in Altenberg einen eher bescheidenen Landsitz gebaut, in dem auch sein Freund und Mitarbeiter Richard Engländer oft zu Gast war.

---

* A. Lorenz (1949).

Der wurde als Schriftsteller unter dem Pseudonym Peter Altenberg berühmt, und damit auch das Dorf.

Altenberg liegt an der Donau, die damals noch von dichten Auwäldern umgeben war, mit stillen Seitenarmen und Tümpeln, die sich während der alljährlichen Überschwemmungen zu reißenden Strömen und kleinen Seen verwandelten – eine immer wieder sich verändernde, sich erneuernde Naturlandschaft, eine Lehrmeisterin für den jungen Naturforscher und Naturliebhaber.

Und schließlich, nicht unwesentlich: Konrads Familie war durch Freundschaften in die Oberschicht der Umgebung eingebunden, und deren Kinder befreundeten sich. So kannte Konrad seine spätere Frau Margarethe schon, als er seine erste Ente aufzog. Mit Karl Popper befreundete er sich beim Indianer- und Trapper-Spielen im Park von »Schloß Altenberg« – Karl Poppers Vater war Finanzberater der Schloßherrin Martha Pflaum.* Über die Familie seines Onkels, des Physikers Ernst Lecher, lernte er Friedrich von Hayek kennen, Sohn des Botanikers August von Hayek.

## Beruflicher Aufstieg

Bedingt durch die Einbettung der Familie Lorenz im Wiener akademischen Establishment gelang Konrad der Einstieg in seinen Beruf ohne Probleme. Er heiratet seine Jugendliebe Margarethe Gebhardt, und dank der elterlichen Unterstützung lebte man zunächst noch in bescheidenem Wohlstand. Die Wertschätzung und Unterstützung durch seinen akademischen Lehrer und Vorgesetzten, Professor Ferdinand Hochstetter, gaben ihm einen ungewöhnlichen Grad der Freiheit in der Gestaltung seiner Arbeitszeit und gestatteten es ihm, nicht nur ein zweites Studium abzu-

---

* Schleidt (2002).

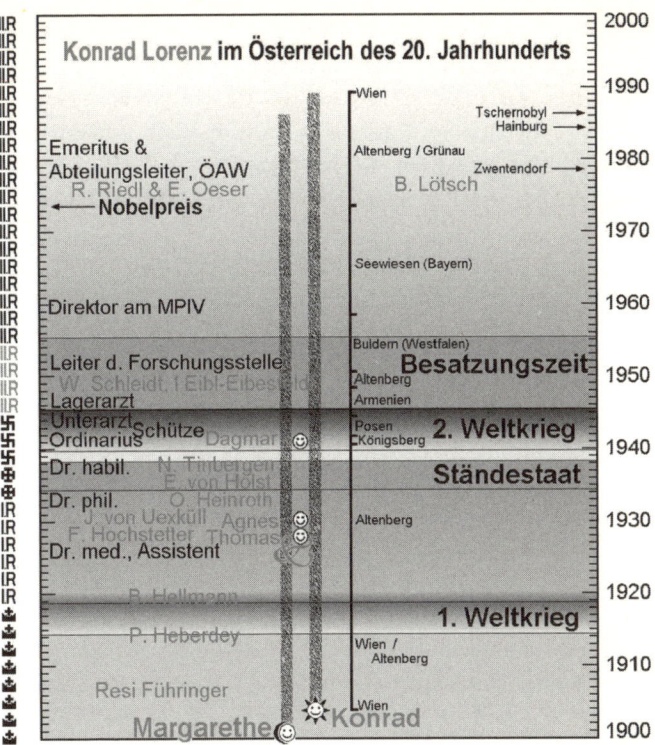

Die Lebensfäden von Konrad und Margarethe Lorenz auf dem Hintergrund des wirtschaftlichen und politischen Umfeldes: der verlorene Krieg, Zerfall des Wirtschaftsraumes der Habsburger, Weltwirtschaftskrise mit erdrückender Arbeitslosigkeit. Der »Anschluß« bringt zunächst einen scheinbaren Aufschwung mit Vollbeschäftigung, dann abermaliges Versinken in einem Krieg, Holocaust, Bomben auf die Heimatfront und ein noch blutigeres Ende. Langsamer Aufschwung, »das kleine Wirtschaftswunder« und schließlich der Aufstieg in das Spitzenfeld europäischen Wohlstands.

Die politische Entwicklung Österreichs im 20. Jahrhundert verläuft ähnlich: k. u. k. Monarchie, erste Republik mit Parteiendiktatur statt Demokratie, dann faschistischer Ständestaat, Teil des Dritten Reiches und schließlich, zunächst am Gängelband einer Militärregierung, die zweite Republik als Teil eines demokratischen Europas.

schließen und als Tierliebhaber einen privaten Zoo aufzu-
bauen, sondern auch aufsehenerregende Arbeiten zu veröffentlichen, mit denen er sich in kürzester Zeit einen Namen
machte. Andererseits wurde sein wirtschaftliches und politi-
sches Umfeld zunehmend schwieriger.

Konrad Lorenz findet erste internationale Anerkennung –
seine Vorträge in Berlin und Leiden, seine Begegnung mit
Erich von Holst und Niko Tinbergen – und erlebt den
schönsten Sommer in seinem Leben (vgl. S. 68), in der wirt-
schaftlich und politisch düstersten Zeit seines bisherigen Lebens. 1933 emeritierte sein langjähriger Förderer, Ferdinand
Hochstetter. Dessen Nachfolger, Eduard Pernkopf, forderte
vollen Einsatz im Dienste der Anatomie, und im Oktober
1935 sieht sich Konrad Lorenz gezwungen, seine Stelle am
Anatomischen Institut zu kündigen. Das »tägliche Brot« findet die Familie am Tisch seines Vaters, seine Frau sorgt mit
ihren bescheidenen Einkünften als Assistenzärztin für das
Nötigste. Das Geld für die Forschung, insbesondere für das
täglich notwendige Tierfutter, kommt aus spärlichen Ho-
noraren für Vorträge an Volkshochschulen und aus dem Ver-

kauf von entbehrlichen Luxusgütern aus besseren Zeiten: dem Motorboot und seinen beiden Motorrädern.

Erich von Holst ermutigt ihn, sich doch bei der Deutschen Forschungsgemeinschaft um ein Stipendium zu bewerben. Sein Antrag um Geld zum Kauf von Geflügelfutter wurde jedoch abgewiesen, weil seine »politische Gesinnung und die Abstammung« in Frage gestellt wurden.[*]

Erst *nach* mehreren Gutachten von Wiener Kollegen kam man zu dem Schluß, »...daß die politische Gesinnung von Herrn Dr. Lorenz durchaus einwandfrei ist. Er ist nicht aktiv politisch tätig, hat aber in Österreich aus seiner Zustimmung zum Nationalsozialismus niemals ein Hehl gemacht. ... Auch seine arische Abstammung ist in Ordnung.«[**] Ein neuerlicher Antrag, 1938, wurde bewilligt.

Der Umstand, daß Konrad Lorenz »aus seiner Zustimmung zum Nationalsozialismus niemals ein Hehl gemacht« hatte, blieb ohne weitere Konsequenzen. Er schreibt dazu in seiner Autobiographie: »Meine Frau verdiente unseren Lebensunterhalt, und ich setzte meine Beobachtungen fort, und so blieb es bis zum Beginn des Zweiten Weltkriegs.« Dies ist insofern ungenau, als der »Anschluß« Österreichs an das Deutsche Reich 1938 für Konrad Lorenz keineswegs die

---

[*] Der hier reproduzierte Schriftzug stammt vom Aktendeckel des Antrags, der im Archiv der Deutschen Forschungsgemeinschaft aufbewahrt wird.

[**] Deichmann (1992), S. 284.

erhofften Verbesserungen gebracht hatte. Der Ruf nach Königsberg kam erst im August 1940 – ein Jahr nach Kriegsbeginn –, und schon ein Jahr später wurde er zum Militär eingezogen. Im Fragment seiner *deutschen* Autobiographie formuliert er seine Rolle im Dritten Reich so:

»Obwohl ich nie ein guter Nationalsozialist gewesen war, bin ich ein ausgesprochen braver und loyaler Soldat gewesen. Diese Diskrepanz zog sich durch das ganze Volk. Es ist zum Teil der Grund, wenn es auch keine Rechtfertigung sein kann, weshalb ich niemals als Widerstandskämpfer gegen unleugbare Greueltaten nationalsozialistischer Politik in Aktion trat...

Daß ich mit den gleichaltrigen Nazi nicht mitgesungen habe, kann ich mir nicht als Verdienst anrechnen, keineswegs beruhte meine Ablehnung auf einer Abscheu vor Greueltaten, die noch kommen sollten. Im Gegenteil, die Propaganda ließ den Nationalsozialismus als etwas sehr Harmloses, ja Familiäres erscheinen, in dem die Liebe und Freundlichkeit zum Nachbarn aufs Panier geschrieben wurde.«

(Lorenz Autobiographie, Manuskript 020588)

Wiewohl Konrad Lorenz alles andere als kriegerisch war und den Krieg zutiefst verabscheute, war er doch zufrieden damit, »ein ausgesprochen braver und loyaler Soldat« gewe-

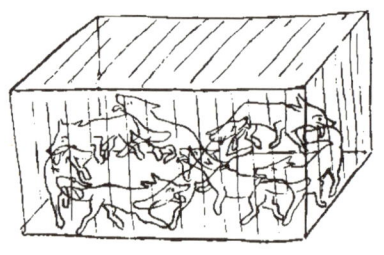

sen zu sein. Er konnte sich in die durch das Schicksal gegebenen Umstände als verantwortungsbewußter Kamerad
einfügen und war stolz darauf, als Lagerarzt in Rußland,
durchaus im Sinne des Hippokratischen Eides, seinen
Kameraden geholfen zu haben.

## Die Anschuldigungen nach 1945

Zurück zu den eingangs erwähnten Anschuldigungen gegen
Konrad Lorenz, er hätte sich während des Dritten Reiches
persönliche Vorteile erdient, oder er hätte sich sogar etwas
zuschulden kommen lassen. Hat er Taten verheimlicht, für
die er sich hätte entschuldigen müssen, bevor er (nach 1945)
öffentliche Ehrungen annahm, zum Beispiel die Ernennung
zum Träger des Pour le Mérite, den Nobelpreis oder späte-
stens im Rahmen seiner ersten Autobiographie (Lorenz
1974 a)? Zumindest in der hier vorliegenden Autobiographie
von 1985 geht er auf das Thema des Nationalsozialismus in
Österreich oder Deutschland überhaupt nicht ein.

Dazu vorweg das Folgende: In der ersten Fassung seiner
Autobiographie, welche anläßlich der Verleihung des No-
belpreises gefordert und auch veröffentlicht wurde (Lorenz
1974 a) und die nun auch über das Internet allgemein zu-
gänglich ist, bekannte sich Konrad Lorenz unumwunden zu
dem einzigen »Fehler«, den er während des Dritten Reiches
begangen und zu bereuen hatte. Er bezieht sich auf seine
Arbeit über »Durch Domestikation verursachte Störungen
arteigenen Verhaltens« (Lorenz 1940), in der er im Zusammenhang mit der Einschätzung der Gefahr der Selbstdomestikation des Menschen und deren Kontrolle durch Maßnah-
men der Eugenik geschrieben hatte:

»Die wirksamste rassenpflegerische Maßnahme ist
daher wenigstens vorläufig sicher die möglichste Unter-

111

stützung der natürlichen Abwehrkräfte, wir müssen – und dürfen – uns hier auf die gesunden Gefühle unserer Besten verlassen und ihnen die Gedeihen oder Verderben unseres Volkes bestimmende Auslese anvertrauen. Versagt diese Auslese, misslingt die Ausmerzung der mit Ausfällen behafteten Elemente, so durchdringen diese den Volkskörper in biologisch ganz analoger Weise und aus ebenso analogen Ursachen wie die Zellen einer bösartigen Geschwulst den gesunden Körper durchdringen und mit ihm schließlich auch sich selbst zugrunderichten.« (Hervorhebung »der ärgsten Nazi-Terminologie« durch WS)

Schon drei Jahre später, in den »Angeborenen Formen möglicher Erfahrung«, relativierte Lorenz jedoch seine Beurteilung der Domestikation und betont nun auch die positiven Effekte der »Selbstdomestikation des Menschen«, nämlich die Abnahme der Bedeutung instinktiven Verhaltens zugunsten der individuellen Erfahrung und kollektiver Kultur. Und er sagt unmißverständlich:

> »Immerhin aber verbietet uns diese Erkenntnis, in der Domestikation ausschließlich ein Übel zu sehen, das durch rassenhygienische Maßnahmen in Bausch und Bogen bekämpft werden darf.« (Lorenz 1943, S. 370)

1974 schreibt Konrad Lorenz in seiner Nobelpreis-Autobiographie (in meiner Übersetzung):

> »Ich befürchtete damals – ebenso wie noch heute – daß unsere zivilisierte Menschheit von analogen Prozessen des genetischen Verfalles betroffen sein könnte. Kurz nach dem Einmarsch der Deutschen in Österreich folgte ich einem unbesonnenen Impuls. Ich schrieb über die Gefahren der Domestikation und, um sicher

zu sein, verstanden zu werden, verfaßte ich meine Schrift in der ärgsten Nazi-Terminologie. Ich möchte meine Handlung nicht beschönigen, aber ich glaubte damals, daß die neuen Herrscher eine Wende zum Besseren bewirken würden. Denn ihre Vorgänger, ein engstirniges, katholisches Regime, hatten zur Folge, daß Leute, die um vieles besser und intelligenter waren als ich, diese naive Hoffnung hegten. Fast alle meiner Freunde und Lehrer waren dieser Meinung, einschließlich meines eigenen Vaters, der sicher ein freundlicher und menschlicher Mann war. Keiner von uns nahm damals an, daß ›Ausmerzung‹, wie es von diesen Machthabern bezeichnet wurde, Mord bedeuten könnte. Ich bedaure das damals Geschriebene weniger wegen der unbezweifelbaren Unglaubwürdigkeit in bezug auf meine eigene Person, als wegen des Einflusses, den sie auf die zukünftige Einschätzung der Gefahren der Selbstdomestikation des Menschen nach sich zieht.«

(Nach Lorenz 1974a, S. 108)

Lorenz betonte hier ausdrücklich, daß er seine »Handlung nicht beschönigen« möchte. »Ich bedaure das damals Geschriebene« heißt im Original »I regret those writings« und ist im Englischen ein gängiger Ausdruck des Bedauerns. Eine »Entschuldigung« dafür, daß er seine Hypothesen vertreten hat, wäre doch wohl nur dann angebracht, wenn er sich mit seiner Veröffentlichung »an etwas schuldig« gemacht hätte. Dafür fehlt jedoch jeder Anhaltspunkt. Trotz emsiger Nachforschung haben sich keine Hinweise gefunden, daß die 1940 und 1943 formulierten Überlegungen von Konrad Lorenz von den Machthabern des Dritten Reiches überhaupt zur Kenntnis genommen wurden, und auch nach Kriegsende blieben diese Arbeiten unbeachtet. Erst im Rahmen der gezielten Nachforschung nach nationalsozialistischem Gedankengut in den Schriften von Konrad Lorenz rückte die Verwendung des Ausdruckes »Ausmerzung« in das Rampenlicht. So hatte ich selbst diese Arbeiten um 1950 gelesen, ohne über die »Nazi-Terminologie« zu stolpern, wurde aber 1967 durch meinen Kollegen John Eisenberg darauf hingewiesen und habe mir erst damals meine Ablichtung von »Lorenz 1940« besorgt. Mein Exemplar der »Angeborenen Formen möglicher Erfahrung« (einen Nachdruck von 1961) erhielt ich als Geschenk vom Verfasser mit der Widmung:

> *Meinem beinahe ältesten Mitarbeiter*
> *eine ebenfalls uralte Arbeit!*
> *Herzlichst*
> *Konrad*

Hier ist nochmals an die Gefahr der Fehleinschätzung der Vergangenheit durch »historischen Präsentismus« zu erinnern. Die Ausdrucksweise in der »Domestikationsarbeit«, die Lorenz später bedauerte, war nicht nur »Nazi-Terminologie«, sondern schon lange vor Hitler die reguläre Sprache der damals als Wissenschaft anerkannten Eugenik.* Diese Disziplin wurde in Österreich und Deutschland nach Kriegsende mit Gesetzeskraft verboten, aber in England, ihrem Ursprungsland, weiterhin gepflegt. Und während die »Nürnberger Gesetze« des Dritten Reiches 1945 erloschen sind, blieb die Rassentrennung in anderen Ländern bis in die jüngste Vergangenheit gesetzlich verankert.**

Interessant ist das Eingeständnis: »Ich glaubte damals, daß die neuen Herrscher eine Wende zum Besseren bewirken

---

\* Zum Thema Eugenik siehe auch Schleidt (2001 a und 2001 b).

\*\* So galt zum Beispiel das Verbot der Ehe zwischen Schwarzen und Weißen einst in 30 Bundesstaaten der USA. 1967 war immer noch die Bevölkerung von 15 Staaten davon betroffen, und erst 1999 wurde im letzten Bundesstaat, Alabama, dieses Verbot aufgehoben.

würden.« Ein Wende »zum Besseren« – durch faschistische Verbrecher? Heute hören wir nur von den Verbrechen des Dritten Reiches, und da behauptet Lorenz, »Leute, die um vieles besser [informiert?] und intelligenter waren«, hätten den »Einmarsch der Deutschen in Österreich« nicht als Akt der Aggression, sondern als Befreiung von einem »engstirnigen, katholischen Regime« empfunden, einem Regime, das sich Mussolini zum Schirmherren erkoren hatte und so dem Urfaschismus näher war als Hitler, dessen Imitator? Wer waren diese »intelligenteren« Leute?

Zum Beispiel die folgenden drei bekannten Politiker der Zeit, die im März 1938 den Anschluß von Österreich an das Deutsche Reich öffentlich begrüßt hatten: *Karl Renner* (führender Politiker der Sozialistischen Partei Österreichs, Bundespräsident der Republik Österreich 1945–1950); *Theodor Heuss** (stimmte 1933 als Mitglied des Deutschen Reichstages dem Ermächtigungsgesetz zu, das Adolf Hitler die Alleinherrschaft ermöglichte, wurde 1948 Bundesvorsitzender der FDP, Bundespräsident der BRD 1949–1959); Kardinal *Theodor Innitzer*** (1929–1930 Bundesminister für Soziale Verwaltung der Ersten Republik, 1932–1955 Erzbischof von Wien).

---

* Er schreibt am Wahlsonntag (10.4.1938) in der Neuen Freien Presse, Wien: »Die innere Lügenhaftigkeit der Verträge von Versailles und Saint-Germain versuchte wohl den Weg des vom Sinn der Geschichte Aufgetragenen zu verbauen, half das Naturrecht der nationalen Selbstbestimmung mit brutaler Gewalt oder künstlicher Romantik verderben. Der Spuk ist vorbei. Großdeutschland entsteht.«

** Die Loyalitätserklärung der österreichischen Bischöfe am 18.3.1938 für Adolf Hitler soll unter dem Druck der NS-Machthaber zustande gekommen und von der NS-Propaganda mißbraucht worden sein. Im Gegensatz dazu hat sich Karl Renner nach 1945 zu früher geäußerten Meinungen bekannt und Fehleinschätzungen eingestanden mit den Worten: »Das habe ich damals geglaubt.«

Konrad Lorenz mußte sich unmittelbar nach seiner Rückkehr aus der Kriegsgefangenschaft im Frühjahr 1948 der für Sympathisanten des Dritten Reiches in Österreich üblichen »Entnazifizierung« unterziehen. Von der befaßten Behörde, der Sicherheitsdirektion des Landes Niederösterreich, wurde ihm bescheinigt, daß er »sowohl in moralischer als auch staatsbürgerlicher Hinsicht einen sehr guten Leumund genießt« und in den behördlichen Unterlagen *nicht* als Mitglied der NSDAP aufscheint. Dies stimmt mit der Behauptung von Lorenz überein, daß er zwar den Antrag auf Aufnahme in die Partei geschrieben, aber weder einen Mitgliedsausweis bekommen noch jemals Beiträge gezahlt habe.

Als Konrad Lorenz sich 1948 um die Wiederaufnahme in die Fakultät der Universität Wien bewarb, mußte er sich einer akademischen Kommission stellen, der auch jene Personalunterlagen vorlagen, welche kürzlich wieder aus dem Österreichischen Staatsarchiv hervorgeholt wurden und zu einer neuen Flut von Anschuldigungen und Verdächtigungen geführt haben.[*] Schon 1948 war die akademische Kommission zu dem Schluß gekommen, daß nichts vorliegt, was gegen Lorenz' Aufnahme in die Fakultät sprechen würde. Über ein halbes Jahrhundert später, nachdem von den Kritikern unermüdlich in seiner umfangreichen Korrespondenz nach Beweisen für schuldhaftes Verhalten gesucht worden ist, hat sich nichts wesentlich Neues gefunden.

Im Gesamtwerk von Konrad Lorenz nehmen die zwischen 1939 und Kriegsende erschienenen elf Veröffentlichungen eine zentrale Stellung ein, beginnend mit einem oft zitierten Grundsatzreferat zur »Vergleichenden Verhaltensforschung« (Lorenz 1939a), seiner grundlegenden Arbeit über »Kants Lehre vom Apriorischen« (Lorenz 1941a), seinen exemplarischen »Bewegungsstudien an Anatiden«

---

[*] Föger und Taschwer 2001.

(Lorenz 1941b) und dem brillanten Versuch, ein biologisches, vergleichend-psychologisches Fundament für die Geisteswissenschaften zu legen: »Die angeborenen Formen möglicher Erfahrung« (Lorenz 1943). Daneben verblaßt die wissenschaftliche Bedeutung der Untersuchung »Durch Domestikation verursachte Störungen arteigenen Verhaltens« (Lorenz 1940) und wäre wohl längst in Vergessenheit geraten, wenn sie nicht die immer wieder zitierten Gedanken aus der angloamerikanischen Eugenik und Redewendungen aus dem Wortschatz des Dritten Reiches enthalten würde. Wie bereits erwähnt, hatte Lorenz schon drei Jahre später in den »Angeborenen Formen möglicher Erfahrung« seine Beurteilung der Domestikation relativiert und betont nun auch die positiven Effekte der »Selbstdomestikation des Menschen«, nämlich die Abnahme der Bedeutung instinktiven Verhaltens zugunsten der individuellen Erfahrung und kollektiver Kultur. Hier nochmals seine klare Aussage dazu:

> »Immerhin aber verbietet uns diese Erkenntnis, in der Domestikation ausschließlich ein Übel zu sehen, das durch rassenhygienische Maßnahmen in Bausch und Bogen bekämpft werden darf.« (Lorenz 1943, S. 370)

Bedauerlicherweise wird auch die letztgenannte Arbeit von manchen Kritikern wegen einiger im Zusammenhang mit Aspekten der Domestikation gebrauchten, heute politisch inkorrekten Formulierungen abgelehnt, und die im Mittelpunkt der Betrachtungen stehenden ethischen Probleme werden ignoriert, gröblich mißverstanden oder gar in ihr Gegenteil verdreht. So wurden Lorenz »ethnische«, also rassistische Bewertungen zur Last gelegt, während er sich ausschließlich mit »ethischen« Werturteilen beschäftigt und die Verantwortung des einzelnen für sein freies, nicht mehr durch instinktive Hemmungen eingeschränktes Handeln betont, die Pflicht, sich der Gefahren zu erwehren, »welche ihm eben *aus* seiner Fähigkeit zu freiem Handeln erwachsen«. (Lorenz 1943, S. 371)

Rückblickend komme ich zu dem Schluß, daß das Leben von Konrad Lorenz in der Zeit des Dritten Reiches keineswegs das eines Begünstigten war, sondern – ebenso wie das von vielen seiner Mitbürger – von vielen Enttäuschungen geprägt wurde: Nach zweieinhalb Jahren des Wartens auf eine Anstellung war er ein Jahr lang Inhaber eines Lehrstuhls, dann drei Jahre »Schütze« bzw. »Sanitätssoldat mit beschränkten Offizierprivilegien«, dann vier Jahre in Kriegsgefangenschaft, und nach seiner Heimkehr dauerte es nochmals drei volle Jahre bis zum Beginn des Anstellungsverhältnisses bei der Max-Planck-Gesellschaft.

Somit ist es wohl angebracht, die Diskussion über Konrad Lorenz' Verhältnis zum Nationalsozialismus mit dem Urteil eines der bekanntesten und einflußreichsten Biologen Deutschlands in der zweiten Hälfte des 20. Jahrhunderts, Hansjochem Autrum, zu schließen, der im Nachruf auf seinen Pour le Mérite-Ordensbruder sagte:

»Seine sozialdarwinistischen Äußerungen haben ihn verdächtigt, den Nationalsozialisten nahezustehen. Man soll aber nicht übersehen, daß sein Begriff der ›Rasse‹ ein gänzlich anderer, ein biologischer ist, als der – vom Rassenpolitischen Amt der NSDAP zugegebenermaßen – andere der NSDAP, der mit ›Biologie‹ oder Anthropologie nichts zu tun hat (siehe z. B. Baitsch 1973). Gegen diesen Vorwurf und viele andere Kritik hat sich Lorenz nie verteidigt; er hielt es nicht der Mühe wert, sondern hielt es mit Darwin: Kritiker ohne wissenschaftliche Kenntnisse ließ er als nicht der Erwähnung wert beiseite. Der wissenschaftlichen Diskussion wich er nie aus. Freudig erkannte er an, wo und von wem er gelernt hat.«          (Autrum 1989, S. 153)

# Anerkennung

Dies ist sowohl menschlich wie wissenschaftlich ein hervorragendes Zeugnis für die Persönlichkeit von Konrad Lorenz, das ich nicht nur bestätigen, sondern auch ergänzen kann: Lorenz hat eigene Fehler, wenn er sie als solche erkannte, ohne Zögern eingestanden.

Das bekannteste Beispiel ist wohl, daß Erich von Holst nur etwa zehn Minuten brauchte, um ihn »für immer von der Idiotie der Reflextheorie zu überzeugen«. Lorenz war tief befriedigt, wenn er selber einen Fehler in seinem Denkgebäude gefunden und eine neue Arbeitshypothese ersonnen hatte, von der er annehmen konnte, daß sie mehr erkläre als die bisherige, nach seinem Leitsatz: »›Wahrheit‹ ist somit diejenige Arbeitshypothese, die am besten geeignet ist, den Weg zu jener anderen zu bahnen, die mehr zu erklären vermag.« (1973 b, S. 86)

Der zweite große Lebensabschnitt – nach dem viel zu kurzen Zwischenspiel in Königsberg – war von wissenschaftlichen Diskussionen geprägt, die sich vorwiegend aus seinen schon früher formulierten Arbeitshypothesen ergeben haben. Die Einzelheiten der wissenschaftlichen Aspekte sind hier im Prolog besprochen worden, insbesondere die Abklärung der Interaktion zwischen Angeborenem und Erfahrung in zwei diskreten und grundsätzlich verschiedenen Informationskanälen (Lorenz 1961, 1965 a) und die Ausarbeitung seiner Begegnung mit Kants Philosophie in dem Versuch einer formalen Naturwissenschaft vom menschlichen Geiste, einer »evolutionären Erkenntnislehre«[*], in seinem Buch »Die Rückseite des Spiegels« (Lorenz 1973 a).

Nachzutragen ist noch etwas Persönliches aus dem Spannungsfeld von Konrad Lorenz zwischen seinem Streben,

---

[*] Campbell 1974, Vollmer 2002.

eine »Wildgans« zu werden, und der allzumenschlichen Versuchung zu widerstehen, ein »Hausschwein« zu bleiben. Am schwersten wiegt hier wohl die von ihm schon früh gestellte Frage nach den biologischen Grundlagen menschlicher Moral.

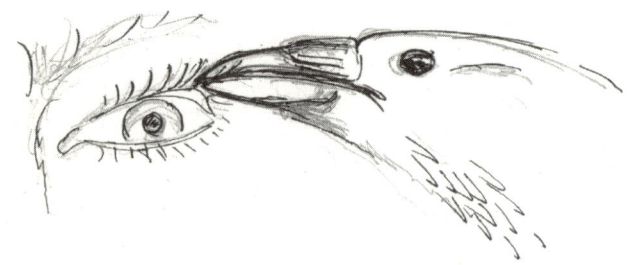

Der Anstoß zu dieser Frage ergab sich aus der Beobachtung moral-analogen Verhaltens bei Tieren. In Kämpfen zwischen Artgenossen werden nicht selten gewisse »Rituale« eingehalten, ähnlich dem ritterlichen Zweikampf, welche eine eigenartige Fairneß gegenüber dem Unterlegenen zur Folge haben, dessen Leben schonen und ihm den Rückzug erlauben:

> »Alle Wesen, denen die Natur Waffen gab, haben besondere Hemmungen, diese Waffen gegen Artgenossen rücksichtslos zu gebrauchen. Bei ihnen allen steht die Macht dieser Hemmung in geradem Verhältnis zu der Wirksamkeit ihrer Waffen. Bei allen, nur bei einem nicht!... Die Waffen haben wir nicht von der Natur mitbekommen; wir haben sie in freier Tat geschaffen. Was wird uns leichter fallen: die Schaffung der Waffe oder die Schaffung des Verantwortlichkeitsgefühles, der Hemmung, ohne die unser Geschlecht an seiner eigenen Schöpfung zugrunde gehen kann? Auch die Hemmungen müssen wir in freier Tat schaffen...«
>
> (Lorenz 1935b, S. 22)

Die Schaffung eines solchen Verantwortlichkeitsgefühles wurde ein zentrales Anliegen von Konrad Lorenz, das er in seiner Naturgeschichte der Aggression, »Das sogenannte Böse« (Lorenz 1963a), vertrat. Und obwohl damals die Gefahren des nuklearen Wettrüstens und das Potential zum nuklearen Overkill immer drückender wurden und die Unfähigkeit der Politiker, wirksame Hemmungen gegen die Gewalt einiger weniger Mächtiger zu setzen, offensichtlich war, begann Lorenz an einem Sündenregister der »zivilisierten« Menschheit zu arbeiten (Lorenz 1971a, 1973b).

Der Nobelpreis war für Konrad Lorenz nicht nur Anerkennung seines wissenschaftlichen Lebenswerkes, sondern auch Ansporn, mit der Emeritierung und Rückkehr nach Altenberg einen neuen Lebensabschnitt zu beginnen, der zunächst durchaus im Zeichen der Ethologie stand. Die Max-Planck-Gesellschaft und das Angebot des Herzogs von Cumberland ermöglichten es ihm, seine Wildgänse nach Österreich, nach Grünau, zu übersiedeln und die Gänsearbeiten abzuschließen (Lorenz 1979, 1988). Mit dem Nobelpreisgeld baute er sich in Altenberg das Meerwasseraquarium, von dem er immer geträumt hatte. Unter seine Vorstellung von der Ethologie hatte er mit seinem Lehrbuch »Vergleichende Verhaltensforschung: Grundlagen der Ethologie« (Lorenz 1978) einen Schlußstrich gezogen; die aufstrebende Konkurrenz durch Soziobiologie und Verhaltensökologie ignorierte er. Damals fragte ich ihn: »Warum mischst du dich in die Politik um Zwentendorf und Hainburg ein, von der du viel zu wenig verstehst? Warum denkst du nicht, arbeitest du nicht an der Ethologie weiter, für die du den Nobelpreis bekommen hast?« Konrad antwortete: »Eben weil ich den Nobelpreis bekommen habe, hört man mir endlich zu. Und ich weiß genügend über Atomphysik und Ökologie, um zu sehen, wie leichtsinnig unsere Zukunft von Politikern verspielt werden kann. Dies zu verhindern bin ich meinen Kindern schuldig.«

# Zeittafel

1903  Konrad Zacharias Lorenz wird am 7. November in Wien als Sohn von Emma Lorenz, geborene Lecher, und Dr. Adolf Lorenz, Professor für Orthopädie an der Universität Wien, geboren.

1907  KL bekommt seine ersten Pfleglinge: einen Feuersalamander und eine Ente.

1915  KL tritt in das Schottengymnasium in Wien ein und befreundet sich mit Bernhard Hellmann. Sein Biologielehrer Pater Philipp Heberdey, OSB, begeistert ihn für Darwins Evolutionslehre.

1921  KL besteht die Matura mit Auszeichnung. KL und Bernhard Hellmann beobachten die Balz von Buntbarschen, kombinieren deren Verhalten mit dem des Vergasers ihrer Motorräder und erfinden das »psychohydraulische Modell der Motivation«.

1922  KL wird zum Medizinstudium an die Columbia University, New York, geschickt und kauft sich das Motorrad seiner Träume: eine große Zweizylinder-Brough-Superior.

1926  KL zieht die Dohle »Tschok« auf und formuliert seine Theorie der Prägung.

1927  KL und Gretl Gebhardt, beide noch im Medizinstudium, heiraten am 24. Juni.

1928  Promotion zum Dr. med. und Anstellung als Prosektor am I. Anatomischen Institut der Universität Wien, unter seinem Lehrmeister Professor Ferdinand Hochstetter. Nebenbei studiert er Zoologie und Psychologie und nimmt am Seminar von Karl Bühler und Egon Brunswik teil. Geburt des Sohnes Thomas.

1930 KL bricht sich bei einem Motorradunfall den Unterkiefer und trägt seither seinen charakteristischen Bart. Geburt der Tochter Agnes.

1932 KL beobachtet seinen zahmen Star beim Fangen einer nicht-existenten Fliege; er berichtet dies Jakob von Uexküll, und der beschreibt es als »magische Erscheinung in der Umwelt eines Vogels« und gibt als Quelle »ein befreundeter Forscher« an (Uexküll & Kriszat 1934). KL formuliert das Konzept »Leerlauf« der Instinktbewegung. Gretls Promotion zur Dr. med.

1933 KL promoviert zum Dr. phil. mit einer Dissertation über den Vogelflug (Lorenz 1933).

1935 KL beginnt Studium der Psychologie. Karl Bühler wird sein Mentor, Egon Brunswik ein geistesverwandter Kollege.

1936 Einladung von Max Hartmann zu einem Vortrag am 17. Februar (Lorenz 1937a) im Harnack-Haus der Kaiser-Wilhelm-Gesellschaft in Berlin, bei dem er Erich von Holst kennenlernt. KL zieht sein Gänsekind »Martina« auf – Selma Lagerlöfs Traum wird Wissenschaft. Bei einem Vortrag am 28. November (Lorenz 1937b) auf dem Kongreß »Instinctuus« in Leiden trifft er Niko Tinbergen.

1937 Niko Tinbergen verbringt den Sommer in Altenberg. KL und NT beobachten und experimentieren gemeinsam (Eirollbewegung der Graugans, Raubvogel-Attrappenversuche), graben Teiche und legen das Fundament der »klassischen Ethologie«.

1938 Der »Anschluß«: Österreich wird zur »Ostmark« des Dritten Reiches. KL stellt Antrag auf Mitgliedschaft in der NSDAP. Die Unterstützung für KLs Forschung bleibt jedoch dürftig.

1940 KL wird Professor für vergleichende Psychologie in Königsberg.

1941 Geburt der Tochter Dagmar. Im März übersiedelt die Familie nach Königsberg. Am 20. Oktober wird KL zur Wehrmacht einberufen.

1943 Beginnt in seiner Freizeit die erste Fassung seines Lehrbu-
ches der Ethologie, während er als Neurologe und Psychiater am Reservelazarett Posen (1942–44) arbeitet.

1944 KL gerät während des Fronteinsatzes in Witebsk in russische Gefangenschaft. Arbeitet als Arzt im Kriegsgefangenenlager Eriwan (Armenien) und schreibt an seinem Lehrbuch der Ethologie (»Das russische Manuskript«).

1948 Am 18. Februar Heimkehr nach Altenberg, Österreich.

1949 Wegen seiner finanziellen Notlage beginnt KL ein populär-
wissenschaftliches Buch zu schreiben: »Er redete mit dem
Vieh, den Vögeln und den Fischen«. Es wird ein internatio-
naler Bestseller. Auch sein zweites Buch »So kam der
Mensch auf den Hund« wird ein großer Erfolg (Lorenz
1949 und 1950b).

1951 Am 1. April beginnt die wissenschaftliche Arbeit der Forschungsstelle für vergleichende Verhaltensforschung der
Max-Planck-Gesellschaft in Buldern (Westfalen), mit Wolfgang Schleidt als Assistent. Bald folgen Ilse und Heinz
Prechtl sowie Lorle und Irenäus Eibl-Eibesfeldt. Zusammenarbeit mit seinen ehemaligen Studenten Alfred Seitz,
später Direktor des Tiergartens in Nürnberg, und Paul
Leyhausen, nun am Institut für den Wissenschaftlichen Film
in Göttingen.

1958 Am 16. September eröffnet Otto Hahn das Max-Planck-Institut für Verhaltensphysiologie in Seewiesen bei Starnberg,
die Krönung des Lebenswerkes von Konrad Lorenz und
Erich von Holst.

1962 Erich von Holst stirbt.

1963 KLs Bestseller »Das sogenannte Böse« erscheint.

1971 KL veröffentlicht »Die acht Todsünden der zivilisierten
Menschheit«.

1973 KL emeritiert als Direktor am Max-Planck-Institut und
kehrt nach Altenberg zurück. Er übersiedelt seine Seewiese-
ner Gänseschar nach Grünau, Oberösterreich, in Verbindung mit einer Forschungsstelle unter der Schirmherrschaft

der Österreichischen Akademie der Wissenschaften. »Die Rückseite des Spiegels« erscheint. Am 10. Dezember wird ihm gemeinsam mit Niko Tinbergen und Karl von Frisch der Nobelpreis für Physiologie oder Medizin verliehen.

1978 KLs Lehrbuch »Vergleichende Verhaltensforschung« erscheint. Um KL entsteht der »Altenberger Kreis« mit Rupert Riedl und Erhard Oeser als Gesprächspartnern zum Thema Erkenntnistheorie. KL wird zur Leitfigur im Kampf gegen das Atomkraftwerk Zwentendorf – Österreich bleibt ein Land ohne Kernenergie.

1982 Sohn Thomas stirbt.

1984/85 »Konrad-Lorenz-Volksbegehren« für die Rettung der Donau-Auen von Hainburg. Später gelingt es Bernd Lötsch, wichtige Teile der Auen freizukaufen.

1986 KLs Frau, Dr. Margarethe Lorenz, stirbt am 16. Januar.

1988 Das Gänsebuch »Hier bin ich – wo bist du?« erscheint.

1989 Konrad Lorenz stirbt am 27. Februar in Wien und wird am 6. März auf dem Friedhof in St. Andrä-Wördern, nahe bei Altenberg, begraben.

# Literaturverzeichnis

Aschoff, J. (1966), Tagesrhythmus des Menschen bei völliger Isolation. Umschau, 12, 378–383.

Aschoff, J. (1981), Annual rhythms in man. In: Aschoff, J. (ed.), Handbook of Behavioral Neurobiology 4. Plenum, London/New York, 475–487.

Autrum, H. (1989), Gedenkworte für Konrad Lorenz. Orden Pour le Mérite für Wissenschaften und Künste – Reden und Gedenkworte. 22,145–153.

Baerends, G. P. (1941), On the life-history of Ammophila campestris Jur. Nederl. Akademie van Wetenschappen, Proceedings 44, 1–8.

– Fortpflanzungsverhalten und Orientierung der Grabwespe Ammophila campestris. Tijdschr. Ent., 84, 68–275.

Baitsch, H. (1973), Die Rassenbiologie des Nationalsozialismus. In: Humanbiologie, Ergebnisse und Aufgaben. (Autrum, H. & Wolf, U., Hrsg.) Heidelberger Taschenbücher, 121, Springer, Berlin/Heidelberg/New York, 64–74.

Bakker, T. C. M. and Mundwiler, B. (1994), Female mate choice and male red coloration in a natural three-spined sticklebacks (Gasterosteus aculeatus) population. Behavioral Ecology, 5, 74–80.

Benzer, S. (1973), Generic dissection of behavior. Scient. Amer., 229, 2–15.

Berthold, P. (1984), The endogenous control of bird migration: A survey of experimental evidence. Bird Study, 31, 19–27.

Berthold, P. and Querner, U. (1981), Genetic basis of migratory behavior in European warblers. Science, 212, 77–79.

Bischof, N. (1991), Gescheiter als alle die Laffen. Ein Psychogramm von Konrad Lorenz. Rasch und Röhring, Hamburg.

Bolyard, K. J. and Rowland, W. J. (1996), Context-dependent response to red coloration in sticklebacks. Animal Beh., 83, 265–286.

Bowlby, J. (1969), Attachment and Loss, vol. 1. Attachment. Hogarth Press, London.

Bridgeman, P. W. (1958), Remarks on Niels Bohr's talk. Daedalus, 87, 85–93.

Brunswick, E. (1957), Scope and aspects of the cognitive problem. In: Contemporary Approaches to Cognition, ed. J. S. Bruner et al. Harvard Univ. Press, Cambridge.

Bühler, K. (1922), Handbuch der Psychologie. 1. Teil: Die Struktur der Wahrnehmung. G. Fischer, Jena.

Campbell, D. T. (1974), Evolutionary epistemology. In: The Philosophy of Karl Popper (Schilpp, P. A., Ed.), 412–463, Open Court, La Salle, Ill.

Charlesworth, W. (1995), Human ethology – still a good idea for the behavioral sciences and society. Hum. Ethol. Bull., 11, 6–12.

Carson, R. (1962), Silent spring. Houghton Mifflin, Boston.

Cavalli-Sforza, L. (1991), Genes, peoples and languages. Scient. Amer., 11, 72–78.

Craig, W. (1918), Appetites and aversions as constituents of instincts. Biol. Bull. Woods Hole, 34, 91–107.

Darwin, Ch. (1884), Der Ausdruck der Gemüthsbewegungen bei dem Menschen und den Thieren. Aus dem Englischen von J. V. Carus. Schweizerbart'sche Verlagshandlung, Stuttgart.

Dawkins, R. (1976), The selfish gene. Oxford Univ. Press, London.

DeVore, I. (1965), Primate behavior. Field studies of monkeys and apes. Holt, Rinehart and Winston, New York/London.

Deichmann, U. (1992), Biologen unter Hitler, Vertreibung, Karrieren, Forschung. Campus Verlag, Frankfurt/M.

Dollo, L. (1895), Sur la phylogénie de dipneustes. Bull. Soc. Belge de Géol., 9, 79–128.

Eibl-Eibesfeldt, I. (1966), Ethologie – die Biologie des Verhaltens. Akademische Verlagsgesellschaft Athenaion, Frankfurt/M.

Eibl-Eibesfeldt, I. (1967, 8. Aufl. 1999), Grundriß der vergleichenden Verhaltensforschung. Piper, München.

Eibl-Eibesfeldt, I. (1968), Zur Ethologie des menschlichen Grußverhaltens. Z. Tierpsychol., 25, 727–744.

Eibl-Eibesfeldt, I. (1970, [12]1998), Liebe und Haß. Zur Naturgeschichte der Aggression. Piper, München.

Eibl-Eibesfeldt, I. (1973), The expressive behavior of the deaf-and-blind born. In: (M. v. Cranach and I. Vine, eds.) Social communication and movement, 163–194. (Academic Press) London.

Eibl-Eibesfeldt, I. (1982), Warfare, man's indoctrinability and group selection. Z. Tierpsychol., 60, 177–198.

Eibl-Eibesfeldt, I. (1984, 4. Auflage 1997), Die Biologie des menschlichen Verhaltens – Grundriß der Humanethologie. Piper, München.

Eibl-Eibesfeldt, I. (1998, 3. Aufl. 2000), In der Falle des Kurzzeitdenkens. Piper, München.

Eibl-Eibesfeldt, I. und Hass, H. (1994), Der »Augengruß« im Kulturvergleich. In Ethnologie. Humanethologische Begleitpublikationen, Sonderband 9, 1–12. Institut für den Wissenschaftlichen Film, Göttingen.

Eibl-Eibesfeldt, I. und Sütterlin, C. (1992), Im Banne der Angst. Piper, München.

Ewert, J. P. (1974), Neurobiologie und System-Theorie eines visuellen Muster-Erkennungsmechanismus bei Kröten. Kybernetik, 14, 167–183.

Ewert, J. P. (1979), Directional sensitivity, invariance and variability of tectal T5 neurons in response to moving configuration stimuli in the toad Bufo bufo (L.). J. Comp. Physiol., 132, 191–201.

Festetics, A. (1983), Konrad Lorenz. Aus der Welt des großen Naturforschers. Piper, München.

Field, T. M. et al. (1982), Discrimination and imitation of facial expressions of neonates. Science, 218, 179–181.

Föger, B., Taschwer, K. (2001), Die andere Seite des Spiegels. Konrad Lorenz und der Nationalsozialismus. Czernin Verlag, Wien.

Freedman, D. G. (1964), Smiling in blind infants and the issue of innate vs. acquired. J. Child Psychol. Psychiat., 5, 171–184.

Freedman, D. G. (1974), Human Infancy. An evolutionary perspective. Erlbaum, Hillsdale, NJ.

Freedman, D. G. (1979), Human Sociobiology. Free Press, New York.

Fromm, E. (1974), Anatomie der menschlichen Destruktivität. DVA, Stuttgart.

Garcia, J. and Ervin, F. R. (1967), A neuropsychological approach to appropriateness of signals and specificity of reinforcers. Proc. Intern. Neuropsychology Society Meeting.

Grammer, K., Schiefenhövel, W., Schleidt, M., Lorenz, B. and Eibl-Eibesfeldt, I. (1988), Patterns of the face: The eyebrow flash in cross cultural comparison. Ethology, 77, 270–299.

Goodall, J. (1965), Chimpanzees of the Gombe Stream Reserve. In: Primate behavior, (ed. I. DeVore), 425–473. Holt, Rinehart and Winston, New York.

Goodall, J. (1986), The chimpanzees of Gombe – Patterns of behavior. Belknap Press of Harvard Univ. Press, Cambridge MA/London.

Hamburger, V. (1963), Some aspects of the embryology of behavior. Quart. Rev. Biology, 38, 342–365.

Hamilton, W. D. (1964), The genetical evolution of social behavior. J. Theoret. Biol., 7, 1–52.

Hass, H. (1970), Wir Menschen. Molden, Wien.

Hassenstein, B. (1965), Biologische Kybernetic. Quelle & Meyer, Heidelberg.

Heiligenberg, W. und Kramer, U. (1972a), Aggressivity as a function of external stimulation. J. comp. Physiol., 77, 332–340.

Heiligenberg, W., Kramer, U. und Schulz, V. (1972b), The angular orientation of the black eye-bar in Haplochromis burtoni (cichlidae, pisces) and its relevance to aggressivity. Z. vergl. Physiol., 76, 168–176.

Heinroth, O. (1911), Beiträge zur Biologie, namentlich Ethologie und Psychologie der Anatiden. Verh. 5. Intern. Ornith. Congr. Berlin, 589–702.

Heinroth, O. (1930), Über bestimmte Bewegungsweisen der Wirbeltiere. Sitzungsberichte. Ges. naturforschende Freunde Berlin.

Herrick, F. H. (1935), Instinct. Western Res. University Bulletin 22.

Hess, E. H. (1956), Space perception in the chick. Scient. Amer., 195 (10), 71–80.

Hof, H. (1996), Rechtsethologie. Recht im Kontext von Verhalten und außerrechtliche Verhaltensregelung. Decker, Heidelberg.

Hölldobler, B. and Wilson, E. O. (1990), The ants. Belknap, Harvard.

Holst, E. v. (1939), Die relative Koordination als Phänomen und als Methode zentralnervöser Funktionsanalyse. Erg. Physiol., 42, 228–306.

Holst, E. v. (1969), Zur Verhaltensphysiologie bei Tieren und Menschen. Gesammelte Abhandlungen, I und II. Piper, München.

Holst, E. v. und Saint Paul, U. v. (1960), Vom Wirkungsgefüge der Triebe. Die Naturwissenschaften, 18, 409–422.

Huber, F. und Markl, H. (1983), Neuroethology and behavioral physiology. Roots and growing points. Springer, Berlin/Heidelberg.

Huxley, J. S. (1966), A discussion on the ritualization of behaviour in animals and man. Philos. Trans. Royal Soc. (London) 251 B, 247–526.

Jennings, H. S. (1906), The behavior of the lower organisms. Columbia Univ. Press, New York.

Kandel, E. R. und Schwartz, J. H. ([3]1991), Principles of neural science. Elsevier, New York/Amsterdam/Oxford.

Kant, I. (1920), Prolegomena zu einer jeden künftigen Metaphysik, die als Wissenschaft wird auftreten können (6. Aufl., K. Vorländer, Hg., Nachdruck 1940). Felix Meiner, Leipzig.

Koehler, O. (1949), Zufall, Notwendigkeit und Planmäßigkeit in der Welt des Lebendigen. Freiburger Dies Universitatis 1948/49. Verlag Karl Alber, Freiburg.

Koenig, O. (1970), Kultur und Verhaltensforschung. dtv, München.

Koenig, O., Hrsg. (1983), Verhaltensforschung in Österreich, Konrad Lorenz 80 Jahre. Ueberreuter, Wien/Heidelberg.

Kogon, Ch. (1941), Das Instinktive als philosophisches Problem (Kulturphilosophische, philosophiegeschichtliche u. erziehungswissenschaftliche Studien, Heft 16). K. Triltsch, Würzburg.

Kotrschal, K. (1995), Im Egoismus vereint? Tiere und Menschentiere – das neue Weltbild der Verhaltensforschung. Piper, München.

Krebs, J. R. und Davies, N. B. (1984), Einführung in die Verhaltensökologie. Thieme, Stuttgart/New York.

Kuenzer, P. (1968), Die Auslösung der Nachfolgereaktion bei erfahrungslosen Jungfischen von *Nannacara anomala* (Cichlidae). Z. Tierpsychol., 25, 257–314.

Kummer, H. (1971), Primate societies, group techniques of ecological adaptation. Aldine, Chicago.

Kuo, Z. Y. (1932), Ontogeny of embryonic behavior in aves. J. Exp. Zool., 61, 395–430, 453–489.

Lehrman, D. S. (1953), A critique of Konrad Lorenz's theory of instinctive behavior. Quart. Rev. Biol., 28, 337–363.

Leong, C. Y. (1969), The quantitative effect of releasers on the attack readiness of the fish Haplochromis burtoni (Cichlidae). Z. vergl. Physiol., 65, 29–50.

Lorenz, A. (1949), Ich durfte helfen. Mein Leben und Wirken [Vom Verf. besorgte dt. Ausg. von My life and work]. Albrecht, Wien.

Lorenz, B., Hrsg. (1992), Konrad Lorenz, Denkwege – Ein Lesebuch. Piper, München/Zürich.

Lorenz, K. (1931), Beiträge zur Ethologie sozialer Corviden. J. Ornith., 79, 67–127.

Lorenz, K. (1933), Beobachtetes über das Fliegen der Vögel und über die Beziehungen der Flügel- und Steuerform zur Art des Fluges. J. Ornith., 81, 107–236.

Lorenz, K. (1934), A contribution to the comparative sociology of colonial-nesting birds. The Proceedings of the 8th International Ornithological Congress Oxford 1934, Oxford University Press, Oxford, 207–218.

Lorenz, K. (1935a), Der Kumpan in der Umwelt des Vogels. J. Ornith., 83, 137–215 und 289–413.

Lorenz, K. (1935b), Moral und Waffen der Tiere. Neues Wiener Tagblatt, 316, 20–22.

Lorenz, K. (1937a), Über die Bildung des Instinktbegriffes. Die Naturwissenschaften, 25, 289–300, 307–308 und 324–331.

Lorenz, K. (1937b), Über den Begriff der Instinkthandlung. Folia biotheoretica Serie B, 2, Instinctus, 17–50.

Lorenz, K. (1939a), Vergleichende Verhaltensforschung. Verhandlungen der Deutschen Zoologischen Gesellschaft. Zoologischer Anzeiger, Supplementband 12, 69–102.

Lorenz, K. (1939b), Vergleichendes über die Balz der Schwimmenten. J. Ornith., 87, 172–173.

Lorenz, K. (1940), Durch Domestikation verursachte Störungen arteigenen Verhaltens. Z. angew. Psychol. u. Charakterkd., 59, 2–81.

Lorenz, K. (1941a), Kant's Lehre vom Apriorischen im Lichte der gegenwärtigen Biologie. Blätter für Deutsche Philosophie, 15, 94–125.

Lorenz, K. (1941b), Vergleichende Bewegungsstudien an Anatiden. J. Ornith., 89, Ergänzungsband 3, Festschrift O. Heinroth, 194–293.

Lorenz, K. (1942), Induktive und teleologische Psychologie. Die Naturwissenschaften, 30, 133–143.

Lorenz, K. (1943), Die angeborenen Formen möglicher Erfahrung. Z. Tierpsychol., 5, 235–409.

Lorenz, K. (1949), Er redete mit dem Vieh, den Vögeln und den Fischen. Borotha-Schoeler, Wien.

Lorenz, K. (1950a), Ganzheit und Teil in der tierischen und menschlichen Gemeinschaft. Studium Generale, 3, 455–499.

Lorenz, K. (1950b), So kam der Mensch auf den Hund. Borotha-Schoeler, Wien.

Lorenz, K. (1950c), The comparative method in studying innate behaviour patterns. Symposia of the Society for Experimental Biology 4, Animal Behaviour. Cambridge University Press, Cambridge, 221–268.

Lorenz, K. (1951 a), The role of gestalt perception in animal and human behaviour. In: Aspects of form. (C. C. Whyte, ed.) Bradford, London, 157–178.

Lorenz, K. (1951 b), Die Entwicklung der vergleichenden Verhaltensforschung in den letzten 12 Jahren. Zoologischer Anzeiger 1952 Supplementband, 36–58.

Lorenz, K. (1955 a), Morphology and behaviour patterns in closely allied species. In: Group processes. (Transactions of the 1 st conference... 1954, Ithaca, NY, B. Schaffner, ed.) Josuah Macy Jr. Foundation, New York, 168–220.

Lorenz, K. (1955 b), Über das Töten von Artgenossen. Jahrbuch der Max-Planck-Gesellschaft, Göttingen, 105–140.

Lorenz, K. (1956), The objectivistic theory of instinct. In: L'instinct dans le comportement des animaux et de l'homme. Masson et Cie., Paris, 51–76.

Lorenz, K. (1958), The evolution of behavior. Scient. Amer., 199 (6), 67–78.

Lorenz, K. (1959 a), Gestaltwahrnehmung als Quelle wissenschaftlicher Erkenntnis. Z. exp. u. angew. Psychol., 6, 118–165.

Lorenz, K. (1959 b), The role of aggression in group formation. In: Group processes. (Transactions of the 4 th conference on group processes in Ithaca, NY, B. Schaffner, ed.) Josuah Macy Jr. Foundation, New York, 168–220.

Lorenz, K. (1960), Methods and approach to the problems of behavior. The Harvey lectures. Academic Press, New York, 60–103.

Lorenz, K. (1961), Phylogenetische Anpassung und adaptive Modifikation des Verhaltens. Z. Tierpsychol., 18, 139–187.

Lorenz, K. (1963 a), Das sogenannte Böse. Zur Naturgeschichte der Aggression. Borotha-Schoeler, Wien.

Lorenz, K. (1963 b), Haben Tiere ein subjektives Erleben? In: Jahrbuch 1963 – Technische Hochschule München. (H. H. Meinke, Hrsg.) Technische Hochschule München, München, 57–68.

Lorenz, K. (1963 c), A scientist's credo. In: Counterpoint. Libidinal Object and Subject. A tribute to René A. Spitz on his 75 th birthday. (H.S. Gaskill, ed.) New York, International Universities Press, 6–26.

Lorenz, K. (1964a), Erich von Holst, Seher und Forscher. 4. Biologisches Jahresheft des Verbandes Deutscher Biologen, 19–24.

Lorenz, K. (1964b), Ritualized fighting. In: The natural history of aggression. (J. D. Carthy and F. J. Ebling, Eds.) Academic Press, London/ New York, 39–50.

Lorenz, K. (1965a), Evolution and modification of behavior. Chicago University Press, Chicago.

Lorenz, K. (1965b), Über die Entstehung von Mannigfaltigkeit. Die Naturwissenschaften, 12, 319–329.

Lorenz, K. (1969), Innate bases of learning. In: On the biology of learning. (K. H. Pribram, ed.) Harcourt, Brace & World, New York, 13–93.

Lorenz, K. (1970), The enmity between generations and its probable ethological causes. In: The place of value in a world of facts. Nobel Symposium 14 (A. Tiselius & S. Nilsson, eds.). Almquist & Wiskell, Stockholm, 385–418.

Lorenz, K. (1971a), Die acht Todsünden der zivilisierten Menschheit. In: Sozialtheorie und soziale Praxis. Anton Hain, Meisenheim, 281–340.

Lorenz, K. (1971b), Knowledge, beliefs and freedom. In: Hierarchically organized systems in theory and practice. (P. A. Weiss, ed.) Hafner, New York, 231–262.

Lorenz, K. (1971c), Der Sinn für Harmonie. Kosmos, 67, 187–191.

Lorenz, K. (1973a), Die Rückseite des Spiegels. Piper, München.

Lorenz, K. (1973b), Die acht Todsünden der zivilisierten Menschheit. Piper, München.

Lorenz, K. (1973c), The fashionable fallacy of dispensing with description. Die Naturwissenschaften, 60, 1–9.

Lorenz, K. (1974a), Konrad Lorenz (Autobiographical sketch). Les Prix Nobel en 1973. The Nobel Foundation, Stockholm, 176–184.

Lorenz, K. (1974b), Analogy as a source of knowledge. In: Les Prix Nobel en 1973, Frängsmyr, T., ed. The Nobel Foundation, Stockholm, 185–195; reprinted in Science, 185, 229–234.

Lorenz, K. (1976), Die Vorstellung einer zweckgerichteten Welt-ordnung. Anz. phil.-hist. Klasse d. Österr. Akademie d. Wissenschaften, 113 (So. 2), 39–51.

Lorenz, K. (1978), Vergleichende Verhaltensforschung, Grundlagen der Ethologie. Springer, Wien-New York.

Lorenz, K. (1979), Das Jahr der Graugans. Mit 147 Farbfotos von S. und K. Kalas. Piper, München.

Lorenz, K. (1980), Die ethischen Auswirkungen des technomorphen Denkens. In: Glaube und Wissen. (H. Huber u. O. Schatz, Hrsg.) Herder, Wien.

Lorenz, K. (1983), Der Abbau des Menschlichen. Piper, München.

Lorenz, K. (1988), Hier bin ich – wo bist du? Ethologie der Graugans. Piper, München/Zürich.

Lorenz, K. (1992), Die Naturwissenschaft vom Menschen. Eine Einführung in die vergleichende Verhaltensforschung – »Das russische Manuskript«. (Hrsg. A. v. Cranach.) Piper, München.

Lorenz, K. (unveröffentlicht), Autobiographie Manuskript. Archiv des Konrad Lorenz Institutes für Evolutions- und Kognitionsforschung, Altenberg, Österreich.

Lorenz, K. und Rose, W. (1963), Die räumliche Orientierung von *Paramecium aurelia*. Die Naturwissenschaften, 50, 623–624.

Lorenz, K. und Saint Paul, U. v. (1968), Die Entwicklung des Spießens und Klemmens bei den drei Würgerarten *Lanius collurio, L. senator* und *L. excubitor*. J. Ornith., 109, 137–156.

Lorenz, K. und Tinbergen, N. (1938), Taxis und Instinkthandlung in der Eirollbewegung der Graugans. Z. Tierpsychol., 2, 1–29.

Lorenz, K. und van de Wall, W. (1960), Die Ausdrucksbewegungen der Sichelente *Anas falcata*. J. Ornith., 101, 50–60.

Maynard-Smith, J. (1964), Group selection and kin selection. Nature, 201, 1145–1147.

McGrew, W. (1972), An ethological study of children's behavior. Academic Press, London.

Meltzoff, A. N. und Moore, M. K. (1977), Imitation of facial expression and manual gestures by human neonates. Science, 198, 75–78.

Milinski, M. und Bakker, T. C. M. (1990), Female sticklebacks use male coloration in mate choice and hence avoid parasitized males. Nature, 344, 330–333.

Mill, J. St. (1843), A System of Logic, II. Parker, London.

Montagu, A. (1976), The Nature of Human Aggression. Oxford University Press, New York.

Nicolai, J. (1964), Der Brutparasitismus der Viduinae als ethologisches Problem. Prägungsphänomene als Faktoren der Rassen- und Artbildung. Z. Tierpsychol., 21, 129–204.

Nisbett, A. (1976), Konrad Lorenz. Harcourt Brace Jovanovich, New York/London.

Oppenheim, R. (1966), Amniotic Contractions and Embryonic Mobility in the Chick Embryo. Science, 152, 528–529.

Pittendrigh, C. S. (1958), Adaptation, natural selection, and behavior. In: Behavior and evolution, Roe, A and Simpson, G. G., eds. Yale University Press, New Haven, 390–416.

Ploog, D. (1964), Verhaltensforschung und Psychiatrie. In: Psychiatrie der Gegenwart, Vol. 1, 1 B. (Hrsg. H. W. Gruhle, R. Jung, W. Mayer-Gross and M. Müller), Springer, Berlin, 291–443.

Popper, K. (1973), Logik der Forschung (5. Aufl., Nachdruck d. 4. verbesserten Aufl.). J. C. B. Mohr, Tübingen.

Portielje, A. F. J. (1938), Dieren zien en leeren kennen. Nederlandsche Keurbockerij, Amsterdam.

Rasa, O. A. E. (1971), Appetence for aggression in juvenile damsel fish. Z. Tierpsychol., Beiheft 7.

Riedl, R. (1979), Biologie der Erkenntnis. Die stammesgeschichtlichen Grundlagen der Vernunft. Paul Parey, Berlin/Hamburg.

Riedl, R. und Wuketits, F. M., Hrsg. (1987), Die Evolutionäre Erkenntnistheorie. Paul Parey, Berlin/Hamburg.

Rizzolatti, G., Camarda, R., Fogassi, L., Gentilucci, M., Lupino, G. and Matelli, M. (1988), Functional organisation of inferior area 6 in the macaque monkey II. Area F5 and the control of distal movement. Exp. Brain Res., 71, 491–507.

Rizzolatti, G., Fadiga, L., Gallesi, V. and Fogassi, L. (1996), Premotor cortex and the recognition of motor actions. Brain Res., 3, 131–141.

Rizzolatti, G. und Arbib, M. A. (1998), Language within our grasp. Trends Neurosci., 21, 188–194.

Roeder, K. (1955), Spontaneous activity and behavior. Sci. Monthly, 80, 2362–70.

Salter, F. K. (1995), Emotions in command. A naturalistic study of institutional dominance. Oxford Univ. Press, Oxford/New York.

Schaller, G. B. (1963), The mountain gorilla. Chicago University Press, Chicago.

Schleidt, W. M. (1961), Reaktionen von Truthühnern auf fliegende Raubvögel und Versuche zur Analyse ihres AAM's. Z. Tierpsychol., 18, 534–560.

Schleidt, W. M. (1962), Die historische Entwicklung der Begriffe »Angeborenes auslösendes Schema« und »Angeborener Auslösemechanismus« in der Ethologie. Z. Tierpsychol., 19, 697–722.

Schleidt, W. M. (1974), How »fixed« is the Fixed Action Pattern? Z. Tierpsychol., 36, 184–211.

Schleidt, W. M. (1983), Der Wert des Schönen und die Neugierde. Von Altenberg nach Seewiesen. In: O. Koenig, Hrsg., Verhaltensforschung in Österreich, Konrad Lorenz 80 Jahre, 39–40, 69–73, Ueberreuter, Wien.

Schleidt, W. M., Hrsg. (1988), Der Kreis um Konrad Lorenz – Ideen, Hypothesen, Ansichten. Parey, Berlin/Hamburg.

Schleidt, W. M. (1990), Konrad Zacharias Lorenz. Almanach der Österreichischen Akademie der Wissenschaften, 140, 293–303.

Schleidt, W. M. (2001 a), Politik gegen und mit Konrad Lorenz. In: Kotrschal, K., Müller, G., Winkler, H., Hrsg., Konrad Lorenz und seine verhaltensbiologischen Konzepte aus heutiger Sicht. 73–92. Filander Verlag, Fürth.

Schleidt, W. M. (2001 b), Lorenz, Konrad (1903–1989). In: Smelser, N. J., Baltes, P. B., eds., International Encyclopedia of the Social and Behavioral Sciences, 13, 9083–9089. Elsevier, Oxford, etc.

Schleidt, W. M. (2002), Die Rückseite einer Spiegelfreundschaft:

Konrad Lorenz und Karl Popper. dieUniversitaet.at (20.03. 2002). http://www.univie.ac.at/dieuniversitaet/2002/science/10000828.htm

Sperry, R. W. (1963), Chemoaffinity in the orderly growth of nerve fiber patterns and connections. Proc. Nat. Acad. Sci. U. S., 50, 703–710.

Sperry, R. W. (1971), How a developing brain gets itself properly wired for adaptive function. In: The biopsychology of development, (ed. E. Tobach Aronson, L. R., Shaw, E.), 27–44. Academic Press, London.

Steiner, J. E. (1973), The gustofacial response: Observation on normal and anencephalic newborn infants. In: Symposium on oral sensation and perception – IV (Development in the fetus and infant), (ed. J. F. Bosma), 254–278. Dhew and Fogarty Int. Center, Bethesda, MD.

Steiner, J. E. (1979), Human facial expressions in response to taste and smell stimulation. Child Develop. Behav., 13, 257–295.

Syed, N. I., Bulloch, A. G. M. and Lukowiak, K. (1990), In vitro reconstruction of the respiratory central pattern generator of the mollusk Lymnea. Science, 250, 282–285.

Taborsky, M. (1994), Sneakers, satellites, and helpers: parasitic and cooperative behavior in fish reproduction. Adv. in the Study of Behavior, 23, 1–100.

Tembrock, G. (1977), Grundlagen des Tierverhaltens. Wissenschaftliche Taschenbücher. Biologie. Akademie Verlag, Berlin.

Thornhill, R. and Palmer, C. T. (2000), A natural history of rape: Biological bases of sexual coercion. MIT Press, Cambridge, MA.

Tinbergen, N. (1940), Die Übersprungbewegung. Z. Tierpsychol., 4, 1–40.

Tinbergen, N. (1951), The study of instinct. Oxford University Press, London.

Trivers, R. L. (1971), The evolution of reciprocal altruism. Quart. Rev. Biol., 46, 35–37.

Uexküll, J. v. und Kriszat, G. (1934, 1956), Streifzüge durch die Umwelten von Tieren und Menschen. Ein Bilderbuch unsichtbarer Welten. Sammlung »Verständliche Wissenschaft«. Springer, Berlin. Nachdruck 1956, Rowohlt, Hamburg.

Voland, E. (1993), Grundriß der Soziobiologie. Gustav Fischer, Stuttgart/Jena.

Vollmer, G. (2002), Evolutionäre Erkenntnistheorie. Angebotene Erkenntnisstrukturen im Kontext von Biologie, Psychologie, Linguistik, Philosophie und Wissenschaftstheorie (8. Aufl.). Hirzel, Stuttgart.

Wallhäusser, W. and Scheich, H. (1987), Auditory imprinting leads to differential 2-deoxy-glucose uptake and dendritic spine loss in the chick rostral forebrain. Develop. Brain Res., 29–44.

Wilson, E. O. (1975), Sociobiology, the New Synthesis. Belknap Press of Harvard Univ., Cambridge, MA.

Wuketits, F. M. (1990), Konrad Lorenz – Leben und Werk eines großen Naturforschers. Piper, München/Zürich.

Zippelius, H. M. (1992), Die vermessene Theorie. Eine kritische Auseinandersetzung mit der Instinkttheorie von Konrad Lorenz und verhaltenskundlicher Forschungspraxis. Vieweg, Wiesbaden.

**Hinweis**

Dieses Literaturverzeichnis wurde von mir erstellt. Es umfaßt die von Konrad Lorenz im englischen Original angeführten Quellen – zum Teil durch die deutschen Originaltitel ersetzt – und die Literaturhinweise zu Prolog und Epilog, erhebt jedoch keinen Anspruch auf Vollständigkeit. Zu den Büchern von Deichmann (1992), Föger/Taschwer (2001) und Zippelius (1992) ist ein Hinweis notwendig. Die genannten Bücher enthalten Fehler (z. B. wird Konrad Lorenz fälschlicherweise als Mitglied der SS und als Bekannter von Himmler bezeichnet – so bei Deichmann, S. 184, 418), Fehlinterpretationen und Schuldzuweisungen. Deshalb ist es sinnvoll, die Aussagen dieser Bücher unter Hinziehung entsprechender Quellen zu überprüfen.

Wolfgang Schleidt

# Abbildungsnachweis

Irenäus Eibl-Eibesfeldt (Andechs-Erling): Tafel 8, S. 22

Gerhard Gronefeld (München): Tafel 6

Lorenz-Archiv (Altenberg): Tafel 1, 2, 3, 4, 5 oben und die Zeichnungen von Konrad Lorenz auf S. 101, 102, 104, 108, 110, 120, 122

Lötsch-Film (Wien)/K. Momen: Tafel 7 unten
Lötsch-Film (Wien)/R. Stifter: Tafel 7 oben

Wolfgang M. Schleidt (Wien): Tafel 5 unten, S. 107

# Personenregister

**Konrad Lorenz**

*Das Jahr der Graugans*

184 Seiten mit 147 Farbfotos von Sybille und Klaus Kalas.
Serie Piper

Seit seiner Jugend hat sich Konrad Lorenz, vor hundert Jahren
geboren, mit Wildgänsen befaßt. Der große Verhaltensfor-
scher und Nobelpreisträger hat die Graugänse so leidenschaft-
lich wie kein anderes Tier beobachtet. Über die Lebens-
und Verhaltensweisen der Graugänse in ihrer natürlichen
Umwelt veröffentlichte er diesen mittlerweile legendären
Text- und Bildband: 147 hervorragende Farbfotos aus dem
Jahresablauf des Familien- und Gesellschaftslebens der
Wildgänse und ein bewegender, anschaulicher Text von
Konrad Lorenz.

»Bei dem Wort Verhaltensforschung dürften die meisten an
Konrad Lorenz denken, beim Namen Konrad Lorenz an
Graugänse ...«
*Dieter E. Zimmer, Die Zeit*

01/1323/01/R

# Irenäus Eibl-Eibesfeldt
## *In der Falle des Kurzzeitdenkens*

223 Seiten mit 25 Abbildungen. Gebunden

Der Biologe, Verhaltensforscher, Begründer der Humanethologie und Bestseller-Autor Irenäus Eibl-Eibesfeldt diskutiert in seinem neuen Buch nichts weniger als die Zukunfts-
aussichten der Menschheit. Wir sind zwar ein »Volltreffer
der Evolution«, so Hubert Markl, gefährden aber durch
ungezügeltes Machtstreben und Konkurrenzdenken unseren
Erfolg und unser Überleben. Deshalb müssen wir das
Kurzzeitdenken, den ständigen Wettlauf im Jetzt, überwin-
den und ein generationenübergreifendes Überlebensethos
entwickeln. Nutzen wir positive Verhaltensdispositionen
wie Fürsorge gegenüber unseren Kindern, das Gefühl für
Verpflichtung oder unsere Liebe zur Natur, und sind wir
bereit, die Wirklichkeit auch dort wahrzunehmen, wo sie
uns unangenehm ist, dann haben wir eine gute Überlebens-
chance.

01/1156/01/R

Joanna Burger

## *Der Papagei, dem ich gehörte*

Geschichten einer Freundschaft. Aus dem Amerikanischen
von Sonja Hauser. 268 Seiten. Gebunden

»Vögel sind meine Leidenschaft, eine besondere Schwäche
aber habe ich für Papageien«, sagt Joanna Burger. Kein
Wunder, liest man die Geschichte von Tiko, der verwaisten
dreißigjährigen Rotstirnamazone. Als die amerikanische
Biologin und Ornithologin den männlichen Papagei Tiko
bei sich aufnahm, begann für sie eine der vielschichtigsten
Beziehungen ihres Lebens. War Tiko zu Anfang noch
mürrisch und feindselig, so taute er mehr und mehr auf,
als Joanna Burger ihn von ihren guten Absichten überzeugen konnte. Schließlich umwarb er sie sogar und baute in
der Paarungszeit Nester für sie, in die er sie zu locken
versuchte. Eine Zeitlang konkurrierte er mit ihrem Mann
um ihre Aufmerksamkeit, doch inzwischen herrscht ein
tiefgehendes Vertrauensverhältnis zwischen Tiko und dem
Menschenpaar.
In ihren Bericht flicht Joanna Burger faszinierende Einsichten über Papageien und über Tier-Mensch-Beziehungen
mit ein. Tikos Geschichte ist wunderbar komisch und
anrührend, sie lehrt uns viel über uns selbst und über die
so beliebten Papageien.

01/1016/01/R

**PIPER**

**Edward O. Wilson**

*Der Wert der Vielfalt*

Die Bedrohung des Artenreichtums und das Überleben des Menschen. Aus dem Amerikanischen von Thorsten Schmidt. 512 Seiten mit 18 Farbtafeln und 42 Abbildungen. Serie Piper

Für das menschliche Nachdenken über die Vielfalt des Lebens hat der weltberühmte Harvard-Biologe und Ameisenforscher Edward O. Wilson ein unentbehrliches Buch geschrieben. Der Mensch, so Wilson, läuft zur Zeit Gefahr, zur letzten großen Naturkatastrophe zu werden. In seinem Buch zeigt Wilson in verständlicher Sprache und mit einer Fülle plastischer Beispiele, wie die Vielfalt der Arten entstanden ist, warum sie immer wieder von Katastrophen reduziert wurde, warum ihre Erhaltung für den Menschen überlebenswichtig ist und was getan werden muß, um die Artenvielfalt und das ökologische Gleichgewicht zu sichern.

»Wilsons Buch ist der Versuch, die Biologie ökologisch umzuformulieren. Das ist für den Laien aufregend, weil Wilson als großartiger Schilderer Zusammenhänge anschaulich macht, die dem gewöhnlichen Verständnis verborgen bleiben ... Leben ist Vielfalt, und verminderte Vielfalt ist vermindertes, am Ende unwiderruflich verarmtes Leben.«
*Frankfurter Allgemeine Zeitung*

**PIPER**

## Karl R. Popper
### *Alle Menschen sind Philosophen*

281 Seiten. Gebunden

Der aus Wien stammende Philosoph Karl Raimund Popper
(1902 – 1994) war einer der einflußreichsten Denker des
20. Jahrhunderts. Er hat vor allem die Wissenschaftstheorie, die Diskussion um das Leib-Seele-Problem, das
politische Denken im allgemeinen und das Nachdenken
über die Demokratie im besonderen maßgeblich beeinflußt. Poppers Bücher sind weltweit zu Klassikern geworden. Im vorliegenden Band sind Texte zusammengestellt
worden, die aus seinen im Piper Verlag erschienenen
Büchern entnommen wurden. Sie machen neugierig auf
Karl Popper, führen in sein Denken ein und zeigen besonders deutlich, wie klar er schwierige Fragen analysieren
und wie verständlich er schreiben konnte. Poppers Texte
helfen den Lesern, die Welt besser zu verstehen. Ob er sich
zur Philosophie allgemein, zum Bewußtsein und zum
menschlichen Selbstbewußtsein, zu Fragen und Grenzen
der Erkenntnis, zu den Ursprüngen des Wissens oder zur
Demokratie und zum Frieden äußert – immer beeindruckt
Karl Popper durch die Klarheit seines Denkens und seiner
Sprache sowie durch seine sokratische Bescheidenheit.

01/1098/01/R

**Karl R. Popper**

*Alles Leben ist Problemlösen*

Über Erkenntnis, Geschichte und Politik. 336 Seiten.
Serie Piper

Karl Raimund Popper (1902 – 1994) zählte zu den schöpfe-
rischsten Denkern unseres Jahrhunderts. In diesem Buch, an
dem Popper bis zuletzt gearbeitet hat, werden in 16 Texten
nochmal die großen Themen angesprochen, die sein Lebens-
werk beherrschten. Fragen der Erkenntnis, die Rolle und
die Beschränktheit der Wissenschaft, der Frieden, die Freiheit, der Sinn der Geschichte, die Verantwortung der Intel-
lektuellen, die offene Gesellschaft und ihre Feinde. Erneut
besticht Karl Popper durch die Klarheit seines Denkens.

»Es finden sich noch viele weise Bermerkungen, kluge
Betrachtungen und Analysen in dieser Textsammlung, die
eigentlich auch eine ganz gute Kurzfassung seiner ganz
großen Werke darstellt. Für Popper-Fans ist dieses Buch ein
Muß, für die Noch-nicht-Popper-Fans ein Soll.«
*Die Presse*

01/1097/01/R